DE L'EXPROPRIATION
POUR CAUSE D'UTILITÉ PUBLIQUE

ou

TABLEAU COMPLET
DE LA JURISPRUDENCE DE LA COUR DE CASSATION
EN MATIÈRE D'EXPROPRIATION POUR CAUSE D'UTILITÉ PUBLIQUE,

DE 1833 A 1852,

SUIVI

Du formulaire des actes administratifs et judiciaires nécessités par la procédure spéciale en matière d'expropriation pour cause d'utilité publique,

Et de la Table chronologique des arrêts cités, avec renvoi aux trois grands recueils périodiques du Journal du Palais, de Sirey et de Dalloz,

TERMINÉ

PAR UN APPENDICE COMPRENANT LE TEXTE:

1° De la loi du 30 mars 1831, relative à l'expropriation et à l'occupation temporaire, en cas d'urgence, des propriétés privées nécessaires aux travaux des fortifications;

2° De l'ordonnance royale du 18 septembre 1833, contenant le tarif des frais et dépens faits en vertu de la loi sur l'expropriation pour cause d'utilité publique;

3° De l'ordonnance royale du 18 février 1834, portant réglement sur les formalités des enquêtes relatives aux travaux publics;

4° De l'ordonnance royale du 15 février 1835, qui modifie celle du 18 février 1834;

5° De l'ordonnance royale du 22 mars 1835, déterminant la marche à suivre par les propriétaires pour rentrer en possession des terrains acquis pour des travaux d'utilité publique, et qui n'auraient pas reçu ou ne recevraient pas cette destination;

6° De l'ordonnance royale du 23 août 1835, portant que les enquêtes qui doivent précéder les entreprises de travaux publics seront soumises aux formalités y déterminées pour les travaux d'intérêt purement communal, ou même départemental;

7° De la loi du 21 mai 1836 sur les chemins vicinaux;

8° Du décret du 26 mars 1852, sur la grande voirie de Paris.

PAR

ARMAND BLANCHE,

DOCTEUR EN DROIT,

AVOCAT PRÈS LA COUR D'APPEL DE CAEN.

PARIS,

LIBRAIRIE ADMINISTRATIVE DE PAUL DUPONT,

Rue de Grenelle-Saint-Honoré, n° 45.

1852.

DE L'EXPROPRIATION
POUR CAUSE D'UTILITÉ PUBLIQUE

OU

TABLEAU COMPLET

DE LA JURISPRUDENCE DE LA COUR DE CASSATION

EN MATIÈRE D'EXPROPRIATION POUR CAUSE D'UTILITÉ PUBLIQUE,

DE 1833 A 1852,

SUIVI

Du formulaire des actes administratifs et judiciaires nécessités par la procédure spéciale en matière d'expropriation pour cause d'utilité publique,

Et de la Table chronologique des arrêts cités, avec renvoi aux trois grands recueils périodiques du Journal du Palais, de Sirey et de Dalloz,

TERMINÉ

PAR UN APPENDICE COMPRENANT LE TEXTE :

1° De la loi du 30 mars 1831, relative à l'expropriation et à l'occupation temporaire, en cas d'urgence, des propriétés privées nécessaires aux travaux des fortifications ;

2° De l'ordonnance royale du 18 septembre 1833, contenant le tarif des frais et dépens faits en vertu de la loi sur l'expropriation pour cause d'utilité publique ;

3° De l'ordonnance royale du 18 février 1834, portant réglement sur les formalités des enquêtes relatives aux travaux publics ;

4° De l'ordonnance royale du 15 février 1835, qui modifie celle du 18 février 1834 ;

5° De l'ordonnance royale du 22 mars 1835, déterminant la marche à suivre par les propriétaires pour rentrer en possession des terrains acquis pour des travaux d'utilité publique, et qui n'auraient pas reçu ou ne recevraient pas cette destination ;

6° De l'ordonnance royale du 23 août 1835, portant que les enquêtes qui doivent précéder les entreprises de travaux publics seront soumises aux formalités y déterminées pour les travaux d'intérêt purement communal, ou même départemental ;

7° De la loi du 21 mai 1836 sur les chemins vicinaux ;

8° Du décret du 26 mars 1852, sur la grande voirie de Paris.

PAR

ARMAND BLANCHE,

DOCTEUR EN DROIT,

AVOCAT PRÈS LA COUR D'APPEL DE CAEN.

PARIS,

LIBRAIRIE ADMINISTRATIVE DE PAUL DUPONT,

Rue de Grenelle-Saint-Honoré, n° 45.

1852.

AVANT-PROPOS.

Introduire dans la loi du 3 mai 1841 des divisions et subdivisions nombreuses présentant l'avantage de rendre les recherches faciles, tout en conservant les divisions premières de la loi ;

Donner, sous chaque division et subdivision, le texte des articles, qui se rapportent à l'objet de cette division ou subdivision, et faire suivre ce texte de l'indication exacte et précise des décisions rendues par la Cour de cassation, en rappelant parfois le *fait* et en citant le considérant le plus saillant de l'arrêt, avec les noms des parties et la date de l'arrêt ;

Donner le modèle des actes administratifs et judiciaires, qui interviennent nécessairement dans le cours de l'expropriation ;

Présenter dans une table chronologique tous les arrêts cités dans l'ouvrage, avec renvoi aux trois grands recueils du Journal du Palais, de M. Sirey et de M. Dalloz, en indiquant le volume et la pagination pour chaque recueil ;

Donner le texte de la loi du 3 mai 1841, et en renvoi, sous chaque article, le texte des anciens articles de la loi du 7 juillet 1833 non reproduits littéralement dans la loi actuellement en vigueur ;

Donner enfin le texte des lois et ordonnances qui complètent la législation en matière d'expropriation pour cause d'utilité publique ;

Tel est le but que je me suis proposé avec l'espérance que ce travail pourrait offrir quelqu'utilité pratique.

LOI DU 3 MAI 1841

SUR

L'EXPROPRIATION POUR CAUSE D'UTILITÉ PUBLIQUE (1).

PRÉSENTATION A LA CHAMBRE DES PAIRS LE 19 FÉVRIER 1840. (MON. DES 20 ET 22) ; RAPPORT PAR M. LE COMTE DARU LE 6 AVRIL (MON. DU 11) ; DISCUSSION LES 4, 5, 6, 7, 8, 9. 11 (MON. DES 5, 6, 7, 8, 9, 10, 12), ET ADOPTION LE 12 (MON. DU 13), A LA MAJORITÉ DE 102 VOIX CONTRE 2.

PRÉSENTATION A LA CHAMBRE DES DÉPUTÉS LE 20 MAI (MON. DU 21.) ; RAPPORT PAR M. DUFAURE LE 19 JUIN (MON. DU 10 JANVIER 1841.)

REPRISE LE 4 JANVIER 1841 (MON. DU 5) ; DISCUSSION LES 1, 2, 3, 4, 5 MARS (MON. DES 2, 3, 4, 5, 6), ET ADOPTION LE 9 (MON. DU 10), A LA MAJORITÉ DE 221 VOIX CONTRE 37.

NOUVELLE PRÉSENTATION A LA CHAMBRE DES PAIRS LE 26 MARS (MON. DU 27) ; RAPPORT PAR M LE COMTE DARU LE 17 AVRIL (MON. DU 20) ; DISCUSSION LES 22, 23 (MON. DES 23, 24), ET ADOPTION LE 24 (MON. DU 25), A LA MAJORITÉ DE 95 VOIX CONTRE 14.

TITRE PREMIER.

DISPOSITIONS PRÉLIMINAIRES.

ART. 1er. L'expropriation pour cause d'utilité publique s'opère par autorité de justice.

---

(1) La loi du 3 mai 1841 a remplacé celle du 7 juillet 1833. Nous donnerons en renvoi sous chaque article de la loi actuelle, le texte de la loi ancienne non reproduit littéralement.

2. Les Tribunaux ne peuvent prononcer l'expropriation qu'autant que l'utilité en a été constatée et déclarée dans les formes prescrites par la présente loi : ces formes consistent :

1° Dans la loi ou l'ordonnance royale, qui autorise l'exéution des travaux pour lesquels l'expropriation est requise ;

2° Dans l'acte du préfet qui désigne les localités ou territoires sur lesquels les travaux doivent avoir lieu, lorsque cette désignation ne résulte pas de la loi ou de l'ordonnance royale ;

3° Dans l'arrêté ultérieur par lequel le préfet détermine les propriétés particulières auxquelles l'expropriation est applicable.

Cette application ne peut être faite à aucune propriété qu'après que les parties intéressées ont été mises en état d'y fournir leurs contredits, selon les règles exprimées au titre II.

3. Tous grands travaux publics, routes royales, canaux, chemins de fer, canalisation des rivières, bassins et docks, entrepris par l'État, les départements, les communes, ou par compagnies particulières, avec ou sans péage, avec ou sans subside du trésor, avec ou sans aliénation du domaine public, ne pourront être exécutés qu'en vertu d'une loi, qui ne sera rendue qu'après une enquête administrative.

Une ordonnance royale suffira pour autoriser l'exécution des routes *départementales*, celles des canaux et chemins de fer d'embranchement de moins de vingt mille mètres de longueur, des ponts et de tous autres travaux de moindre importance.

Cette ordonnance devra également être précédée d'une enquête.

Ces enquêtes auront lieu dans les formes déterminées par un réglement d'administration publique (1).

TITRE II.

DES MESURES D'ADMINISTRATION RELATIVES A L'EXPROPRIATION.

4. Les ingénieurs ou autres gens de l'art chargés de l'exécution des travaux lèvent, pour la partie qui s'étend sur chaque commune, le plan parcellaire des terrains ou des édifices dont la cession leur paraît nécessaire.

5. Le plan desdites propriétés particulières, indicatif des noms de chaque propriétaire, tels qu'ils sont inscrits sur la matrice des rôles, reste déposé, pendant huit jours, à la mairie de la commune où les propriétés sont situées, afin que chacun puisse en prendre connaissance (2).

---

(1) Art. 3.—Tous grands travaux publics, routes royales, canaux, chemins de fer, canalisation de rivière, bassins et docks, entrepris par l'Etat ou par compagnies particulières, avec ou sans péage, avec ou sans subside du trésor, avec ou sans aliénation du domaine public, ne pourront être exécutés qu'en vertu d'une loi qui ne sera rendue qu'après une enquête administrative.

Une ordonnance royale suffira pour autoriser l'exécution des routes, des canaux et chemins de fer d'embranchement de moins de vingt mille mètres de longeur, des ponts et de tous autres travaux de moindre importance.

Cette ordonnance devra également être précédée d'une enquête.

Ces enquêtes auront lieu dans les formes déterminées par un réglement d'administration publique.

(2) Art. 5.—Le plan desdites propriétés particulières, indicatif des noms de chaque propriétaire, tels qu'ils sont inscrits sur la matrice des rôles, reste déposé, pendant huit jours *au moins*, à la mairie de la commune où les propriétés sont situées, afin que chacun puisse en prendre connaissance.

6. Le délai fixé à l'article précédent ne court qu'à dater de l'avertissement, qui est donné collectivement aux parties intéressées, de prendre communication du plan déposé à la mairie.

Cet avertissement est publié à son de trompe ou de caisse dans la commune, et affiché tant à la principale porte de l'église du lieu qu'à celle de la maison commune.

Il est en outre inséré dans l'un des journaux publiés dans l'arrondissement, ou, s'il n'en existe aucun, dans l'un des journaux du département (1).

7. Le maire certifie ces publications et affiches ; il mentionne sur un procès-verbal qu'il ouvre à cet effet, et que les parties qui comparaissent sont requises de signer, les déclarations et réclamations qui lui ont été faites verbalement, et y annexe celles qui lui ont été transmises par écrit.

8. A l'expiration du délai de huitaine prescrit par l'article 5, une commission se réunit au chef-lieu de la sous-préfecture.

Cette commission, présidée par le sous-préfet de l'arrondissement, sera composée de quatre membres du conseil général du département ou du conseil d'arrondissement désignés par le préfet, du maire de la commune où les propriétés sont situées et de l'un des ingénieurs chargés de l'exécution des travaux.

La commission ne peut délibérer valablement qu'autant que cinq de ses membres au moins sont présents.

Dans le cas où le nombre des membres présents serait de six, et où il y aurait partage d'opinions, la voix du président sera prépondérante.

---

(1) Art. 6.—..... Il est en outre inséré dans l'un des journaux des chefs-lieux d'arrondissement *et* de département.

Les propriétaires qu'il s'agit d'exproprier ne peuvent être appelés à faire partie de la commission (1).

9. La commission reçoit, pendant huit jours, les observations des propriétaires.

Elle les appelle toutes les fois qu'elle le juge convenable. Elle donne son avis.

Ses opérations doivent être terminées dans le délai de dix jours ; après quoi le procès-verbal est adressé immédiatement par le sous-préfet au préfet.

Dans le cas où lesdites opérations n'auraient pas été mises à fin dans le délai ci-dessus, le sous-préfet devra, dans les trois jours, transmettre au préfet son procès-verbal et les documents recueillis (2).

10. Si la commission propose quelque changement au tracé indiqué par les ingénieurs, le sous-préfet devra, dans la forme indiquée par l'article 6, en donner immédiatement

---

(1) Art. 8.—A l'expiration du délai de huitaine prescrit par l'art. 5, une commission se réunit au chef-lieu de la sous-préfecture.

Cette commission présidée par le sous-préfet de l'arrondissement, sera composée de quatre membres du Conseil général du département ou du Conseil d'arrondissement, désignés par le préfet, du maire de la commune où les propriétés sont situées et de l'un des ingénieurs chargés de l'exécution des travaux.

Les propriétaires qu'il s'agit d'exproprier ne peuvent être appelés à faire partie de la commission.

(2) Art. 9.—La commission reçoit les observations des propriétaires.
Elle les appelle toutes les fois qu'elle le juge convenable.
Elle reçoit leurs moyens respectifs et donne son avis.

Ses opérations doivent être terminées dans le délai d'un mois, après quoi le procès-verbal est adressé immédiatement par le sous-préfet au préfet.

Dans le cas où lesdites opérations n'auraient pas été mises à fin dans le délai ci-dessus, le sous-préfet devra, dans les trois jours, transmettre au préfet son procès-verbal et les documents recueillis.

avis aux propriétaires que ces changements pourront intéresser. Pendant huitaine, à dater de cet avertissement, le procès-verbal et les pièces resteront déposés à la sous-préfecture ; les parties intéressées pourront en prendre communication, sans déplacement et sans frais, et fournir leurs observations écrites.

Dans les trois jours suivants, le sous-préfet transmettra toutes les pièces à la préfecture (1).

11. Sur le vu du procès-verbal et des documents y annexés, le préfet détermine, par un arrêté motivé, les propriétés qui doivent être cédées et indique l'époque à laquelle il sera nécessaire d'en prendre possession. Toutefois, dans le cas où il résulterait de l'avis de la commission qu'il y aurait lieu de modifier le tracé des travaux ordonnés, le préfet surseoira jusqu'à ce qu'il ait été prononcé par l'administration supérieure.

L'administration supérieure pourra, suivant les circonstances, ou statuer définitivement, ou ordonner qu'il soit procédé de nouveau à tout ou partie des formalités prescrites par les articles précédents (2).

---

(1) Art. 10.—Le procès-verbal et les pièces transmis par le sous-préfet, resteront déposés au secrétariat général de la préfecture pendant huitaine, à dater du jour du dépôt.

Les parties intéressées pourront en prendre communication sans déplacement et sans frais.

(2) Art. 11.—Sur le vu du procès-verbal et des documents y annexés, le préfet détermine par un arrêté motivé les propriétés qui doivent être cédées et indique l'époque à laquelle il sera nécessaire d'en prendre possession. Toutefois dans le cas où il résulterait de l'avis de la commission qu'il y aurait lieu de modifier le tracé des travaux ordonnés, le préfet surseoira jusqu'à ce qu'il ait été prononcé par l'administration supérieure.

La décision de l'administration supérieure sera définitive et sans recours au conseil d'Etat.

12. Les dispositions des articles 8, 9 et 10 ne sont point applicables au cas où l'expropriation serait demandée par une commune et dans un intérêt purement communal, non plus qu'aux travaux d'ouverture ou de redressement des chemins vicinaux.

Dans ce cas, le procès-verbal prescrit par l'art. 7 est transmis, avec l'avis du conseil municipal, par le maire au sous-préfet, qui l'adressera au préfet avec ses observations.

Le préfet, en conseil de préfecture, sur le vu de ce procès-verbal, et sauf l'approbation de l'administration supérieure, prononcera, comme il est dit en l'article précédent (1).

TITRE III.

DE L'EXPROPRIATION ET DE SES SUITES, QUANT AUX PRIVILÉGES, HYPOTHÈQUES ET AUTRES DROITS RÉELS.

13. Si des biens de mineurs, d'interdits, d'absents ou autres incapables, sont compris dans les plans déposés en vertu de l'art. 5, ou dans les modifications admises par l'administration supérieure, aux termes de l'art. 11 de la présente loi, les tuteurs, ceux qui ont été envoyés en possession

---

(1) Art. 12.—Les dispositions des art. 8, 9 et 10, ne sont point applicables au cas où l'expropriation serait demandée par une commune et dans un intérêt purement communal.

Dans ce cas, le procès-verbal prescrit par l'art. 7, est transmis, avec l'avis du Conseil municipal, par le maire au sous-préfet, qui l'adressera au préfet avec ses observations.

Le préfet, en conseil de préfecture, sur le vu de ce procès-verbal, et sauf l'approbation de l'administration supérieure, prononcera comme il est dit en l'article précédent.

provisoire, et tous représentants des incapables, peuvent, après autorisation du tribunal donnée sur simple requête, en la chambre du conseil, le ministère public entendu, consentir amiablement à l'aliénation desdits biens.

Le tribunal ordonne les mesures de conservation ou de remploi qu'il juge nécessaires.

Ces dispositions sont applicables aux immeubles dotaux et aux majorats.

Les préfets pourront, dans le même cas, aliéner les biens des départements, s'ils y sont autorisés par délibération du conseil général; les maires ou administrateurs pourront aliéner les biens des communes ou établissements publics, s'ils y sont autorisés par délibération du conseil municipal ou du conseil d'administration, approuvée par le préfet en conseil de préfecture.

Le ministre des finances peut consentir à l'aliénation des biens de l'Etat ou de ceux qui font partie de la dotation de la couronne, sur la proposition de l'intendant de la liste civile.

A défaut de conventions amiables, soit avec les propriétaires des terrains ou bâtiments dont la cession est reconnue nécessaire, soit avec ceux qui les représentent, le préfet transmet au procureur du roi dans le ressort duquel les biens sont situés la loi ou l'ordonnance qui autorise l'exécution des travaux et l'arrêté mentionné en l'art. 11 (1).

14. Dans les trois jours et sur la production des pièces constatant que les formalités prescrites par l'article 2 du

---

(1) **Art. 13.**—A défaut de conventions amiables avec les propriétaires des terrains ou bâtiments dont la cession est reconnue nécessaire, le préfet transmet au procureur du roi, dans le ressort duquel les biens sont situés, la loi ou l'ordonnance qui autorise l'exécution des travaux et l'arrêté du préfet mentionné en l'article 11.

titre Iᵉʳ, et par le titre II de la présente loi, ont été remplies, le procureur du roi requiert et le tribunal prononce
l'expropriation pour cause d'utilité publique des terrains
ou bâtiments indiqués dans l'arrêté du préfet.

Si, dans l'année de l'arrêté du préfet, l'administration n'a
pas poursuivi l'expropriation, tout propriétaire dont les terrains sont compris audit arrêté peut présenter requête au
tribunal. Cette requête sera communiquée par le procureur
du roi au préfet, qui devra, dans le plus bref délai, envoyer
les pièces et le tribunal statuera dans les trois jours.

Le même jugement commet un des membres du tribunal
pour remplir les fonctions attribuées par le titre IV, chapitre 11, au magistrat directeur du jury, chargé de fixer l'indemnité et désigne un autre membre pour le remplacer au
besoin.

En cas d'absence ou d'empêchement de ces deux magistrats, il sera pourvu à leur remplacement par une ordonnance sur requête du président du tribunal civil.

Dans le cas où les propriétaires à exproprier consentiraient
à la cession, mais où il n'y aurait point accord sur le prix,
le tribunal donnera acte du consentement et désignera le
magistrat directeur du jury, sans qu'il soit besoin de rendre
le jugement d'expropriation, ni de s'assurer que les formalités prescrites par le titre II ont été remplies (1).

15. Le jugement est publié et affiché par extrait, dans la

---

(1). Art. 14.—Dans les trois jours et sur la production des pièces
constatant que les formalités prescrites par l'art. 2 du titre Iᵉʳ, et par
le titre II de la présente loi ont été remplies, le procureur du roi requiert et le tribunal prononce l'expropriation pour cause d'utilité publique, des terrains ou bâtiments indiqués dans l'arrêté du préfet.

Le même jugement commet un des membres du tribunal, pour remplir les fonctions attribuées par le titre IV, chapitre 11, au magistrat
directeur du jury, chargé de fixer l'indemnité.

commune de la situation des biens, de la manière indiquée
en l'article 6. Il est en outre inséré dans l'un des journaux
publiés dans l'arrondissement ou, s'il n'en existe aucun,
dans l'un de ceux du département.

Cet extrait, contenant les noms des propriétaires, les motifs
et le dispositif du jugement, leur est notifié au domicile
qu'ils auront élu dans l'arrondissement de la situation des
biens, par une déclaration faite à la mairie de la commune
où les biens sont situés ; et, dans le cas où cette élection de
domicile n'aurait pas eu lieu, la notification de l'extrait
sera faite en double copie au maire et au fermier, locataire,
gardien ou régisseur de la propriété.

Toutes les autres notifications prescrites par la présente
loi seront faites dans la forme ci-dessus indiquée (1).

16. Le jugement sera, immédiatement après l'accomplissement des formalités prescrites par l'article 15 de la présente loi, transcrit au bureau de la conservation des hypothèques de l'arrondissement, conformément à l'art. 2181 du
Code civil (2).

---

(1) Art. 15.—Le jugement est publié et affiché, par extrait, dans la
commune de la situation des biens, de la manière indiquée en l'art. 6;
il est en outre inséré dans l'un des journaux de l'arrondissement et
dans l'un de ceux du chef-lieu du département.

Cet extrait, contenant les noms des propriétaires, les motifs
et le dispositif du jugement, leur est notifié au domicile qu'ils auront élu dans l'arrondissement de la situation des biens, par une déclaration faite à la mairie de la commune où les biens sont situés ; et
dans le cas où cette élection de domicile n'aurait pas eu lieu, la notification de l'extrait sera faite en double copie au maire et au fermier,
locataire, gardien ou régisseur de la propriété.

Toutes les autres notifications prescrites par la présente loi, seront
faites dans la forme ci-dessus indiquée.

(2) Art. 16.—Le jugement sera immédiatement transcrit au bureau
de la conservation des hypothèques de l'arrondissement, conformément
à l'art. 2181 du Code civil.

17. Dans la quinzaine de la transcription, les priviléges et les hypothèques conventionnelles, judiciaires ou
légales, seront inscrits.

A défaut d'inscription dans ce délai, l'immeuble exproprié sera affranchi de tous priviléges et hypothèques de
quelque nature qu'ils soient, sans préjudice des droits des
femmes, mineurs et interdits, sur le montant de l'indemnité,
tant qu'elle n'a pas été payée ou que l'ordre n'a pas été
réglé définitivement entre les créanciers.

Les créanciers inscrits n'auront, dans aucun cas, la faculté
de surenchérir, mais ils pourront exiger que l'indemnité
soit fixée conformément au titre IV (1).

18. Les actions en résolution, en revendication, et toutes
autres actions réelles, ne pourront arrêter l'expropriation ni
en empêcher l'effet. Le droit des réclamants sera transporté
sur le prix, et l'immeuble en demeurera affranchi.

19. Les régles posées dans le premier paragraphe de
l'article 15, et dans les articles 16, 17 et 18, sont applicables
dans le cas de conventions amiables passées entre l'administration et les propriétaires.

Cependant l'administration peut, sauf les droits des tiers
et sans accomplir les formalités ci-dessus tracées, payer le

---

(1) Art. 17.—Dans la quinzaine de la transcription, les priviléges et
les hypothèques conventionnelles, judiciaires ou légales, antérieurs au
jugement, seront inscrits.

A défaut d'inscription dans ce délai, l'immeuble exproprié sera affranchi de tous priviléges et de toutes hypothèques, de quelque nature
qu'ils soient, sans préjudice du recours contre les maris, tuteurs ou
autres administrateurs qui auraient dû requérir les inscriptions.

Les créanciers inscrits n'auront, dans aucun cas, la faculté de surenchérir ; mais ils pourront exiger que l'indemnité soit fixée conformément au titre IV.

prix des acquisitions dont la valeur ne s'éleverait pas au-dessus de cinq cents francs.

Le défaut d'accomplissement des formalités de la purge des hypothèques n'empêche pas l'expropriation d'avoir son cours ; sauf, pour les parties intéressées, à faire valoir leurs droits ultérieurement dans les formes déterminées par le titre IV de la présente loi (1).

20. Le jugement ne pourra être attaqué que par la voie du recours en cassation, et seulement pour incompétence, excès de pouvoir ou vices de forme du jugement.

Le pourvoi aura lieu, au plus tard, dans les trois jours, à dater de la notification du jugement, par déclaration au greffe du tribunal ; il sera notifié dans la huitaine, soit à la partie, au domicile indiqué par l'article 15, soit au préfet ou au maire, suivant la nature des travaux ; le tout à peine de déchéance.

Dans la quinzaine de la notification du pourvoi, les pièces seront adressées à la chambre civile de la Cour de cassation qui statuera dans le mois suivant.

L'arrêt, s'il est rendu par défaut, à l'expiration de ce délai, ne sera pas susceptible d'opposition (2).

---

(1) Art. 19.—Les règles posées aux deux articles qui précèdent, sont applicables, dans le cas de conventions amiables, aux contrats passés entre l'administration et le propriétaire.

(1) Art. 20.—Le jugement ne pourra être attaqué que par la voie du recours en cassation et seulement pour incompétence, excès de pouvoir ou vices de forme du jugement.

Le pourvoi aura lieu dans les trois jours, à dater de celui de la notification du jugement, par déclaration au greffe du tribunal qui l'aura rendu.

Ce pourvoi sera notifié dans la huitaine, soit au préfet, soit à la partie, au domicile indiqué par l'art. 15, et les pièces adressées dans

TITRE IV.

DU RÉGLEMENT DES INDEMNITÉS.

CHAPITRE I.

MESURES PRÉPARATOIRES.

21. Dans la huitaine qui suit la notification prescrite par l'article 15, le propriétaire est tenu d'appeler et de faire connaître à l'administration les fermiers, locataires, ceux qui ont des droits d'usufruit, d'habitation ou d'usage, tels qu'ils sont réglés par le Code civil, et ceux qui peuvent réclamer des servitudes résultant des titres mêmes du propriétaire ou d'autres actes dans lesquels il serait intervenu ; si non il restera seul chargé envers eux des indemnités que ces derniers pourront réclamer.

Les autres intéressés seront en demeure de faire valoir leurs droits par l'avertissement énoncé en l'article 6, et tenus de se faire connaître à l'administration dans le même délai de huitaine, à défaut de quoi ils seront déchus de tous droits à l'indemnité (1).

---

la quinzaine à la chambre civile de la cour de cassation qui statuera dans le mois suivant.

L'arrêt, s'il est rendu par défaut à l'expiration de ce délai, ne sera pas susceptible d'opposition.

(1) Art. 21.—Dans la huitaine qui suit la notification prescrite par l'art. 15, le propriétaire est tenu d'appeler et de faire connaître au magistrat directeur du jury, les fermiers, locataires , ceux qui ont des droits d'usufruit, d'habitation ou d'usage, tels qu'ils sont réglés par le Code civil, et ceux qui peuvent réclamer des servitudes résultant des

22. Les dispositions de la présente loi relatives aux propriétaires et à leurs créanciers, sont applicables à l'usufruitier et à ses créanciers.

23. L'administration notifie aux propriétaires et à tous autres intéressés, qui auront été désignés ou qui seront intervenus dans le délai fixé par l'article 24, les sommes qu'elle offre pour indemnités.

Ces offres sont, en outre, affichées et publiées conformément à l'art. 6 de la présente loi (1).

24. Dans la quinzaine suivante, les propriétaires et autres intéressés sont tenus de déclarer leur acceptation, ou, s'ils n'acceptent pas les offres qui leur sont faites, d'indiquer le montant de leurs prétentions,

25. Les femmes mariées sous le régime dotal, assistées de leurs maris, les tuteurs, ceux qui ont été envoyés en possession provisoire des biens d'un absent, et autres personnes qui représentent les incapables, peuvent valablement accepter les offres énoncées en l'article 23, s'ils y sont autorisés dans les formes prescrites par l'art. 13 (2).

---

titres mêmes de propriété ou d'autres actes dans lesquels il serait intervenu ; sinon, il restera seul chargé envers eux des indemnités que ces derniers pourront réclamer.

Les autres intéressés seront en demeure de faire valoir leurs droits par l'avertissement énoncé en l'art. 6 et tenus de se faire connaître au magistrat directeur du jury, dans le même délai de huitaine ; à défaut de quoi, ils seront déchus de tous droits à l'indemnité.

(1) Art. 23.—L'administration notifie aux propriétaires, aux créanciers inscrits et à tous autres intéressés, qui auront été désignés ou qui seront intervenus en vertu des art. 21 et 22, les sommes qu'elle offre pour indemnité.

(2) Art. 25.— Les tuteurs, maris et autres personnes qui n'ont pas qualité pour aliéner un immeuble peuvent valablement accepter les of-

26. Le ministre des finances, les préfets, maires ou administrateurs, peuvent accepter les offres d'indemnité pour expropriation des biens appartenant à l'Etat, à la couronne, aux départements, communes ou établissements publics, dans les formes et avec les autorisations prescrites par l'article 13 (1).

27. Le délai de quinzaine, fixé par l'art. 24, sera d'un mois dans les cas prévus par les art. 25 et 26.

28. Si les offres de l'administration ne sont pas acceptées dans les délais prescrits par les art. 24 et 27, l'administration citera devant le jury, qui sera convoqué à cet effet, les propriétaires et tous autres intéressés, qui auront été désignés ou qui seront intervenus, pour qu'il soit procédé au réglement des indemnités de la manière indiquée au chapitre suivant : la citation contiendra l'énonciation des offres qui auront été refusées (2).

---

fres énoncées en l'art. 23, lorsqu'ils s'y sont fait autoriser par le tribunal.

Cette autorisation peut être donnée sur simple mémoire en la chambre du conseil, le ministère public entendu.

Le tribunal ordonne les mesures de conservation ou de remploi que chaque cas peut nécessiter.

(1) Art. 26.—S'il s'agit de biens appartenant à des départements, à des communes ou à des établissements publics, les préfets, maires ou administrateurs, pourront valablement accepter les offres énoncées en l'article 23, s'ils y sont autorisés par délibération du conseil général du département, du conseil municipal ou du conseil d'administration, approuvée par le préfet, en conseil de préfecture.

(2) Art. 28.—Si les offres de l'administration ne sont pas acceptées, ou si, nonobstant l'acceptation du propriétaire, les créanciers inscrits et autres intéressés déclarent, dans la quinzaine de la notification qui leur est faite, qu'ils ne veulent pas se contenter de la somme convenue entre l'administration et le propriétaire, il sera procédé au réglement des indemnités de la manière indiquée au chapitre suivant.

CHAPITRE II.

DU JURY SPÉCIAL CHARGÉ DE RÉGLER LES INDEMNITÉS.

29. Dans sa session annuelle, le Conseil général du département désigne, pour chaque arrondissement de sous-préfecture, tant sur la liste des électeurs, que sur la seconde partie de la liste du jury, trente-six personnes au moins et soixante-douze au plus, qui ont leur domicile réel dans l'arrondissement, parmi lesquelles sont choisis jusqu'à la session suivante ordinaire du Conseil général, les membres du jury spécial appelé, le cas échéant, à régler les indemnités dues par suite d'expropriation pour cause d'utilité publique.

Le nombre des jurés désignés pour le département de la Seine sera de six cents.

30. Toutes les fois qu'il y aura lieu de recourir à un jury spécial, la première chambre de la cour royale, dans les départements qui sont le siége d'une cour royale, et, dans les autres départements, la première chambre du tribunal du chef-lieu judiciaire, choisit en la chambre du conseil, sur la liste dressée en vertu de l'article précédent pour l'arrondissement dans lequel ont lieu les expropriations, seize personnes qui formeront le jury spécial chargé de fixer définitivement le montant de l'indemnité, et, en outre, quatre jurés supplémentaires : pendant les vacances, ce choix est déféré à la chambre de la cour ou du tribunal chargé du service des vacations. En cas d'abstention ou de récusation des membres du tribunal, le choix du jury est déféré à la cour royale.

Ne peuvent être choisis :

1° Les propriétaires, fermiers, locataires des terrains et

bâtiments désignés en l'arrêté du préfet pris en vertu de l'art. 11 et qui restent à acquérir ;

2° Les créanciers ayant inscription sur lesdits immeubles ;

3° Tous autres intéressés désignés ou intervenant en vertu des art. 21 et 22.

Les septuagénaires seront dispensés, s'ils le requièrent, des fonctions de juré (1).

31. La liste des seize jurés et des quatre jurés supplémentaires est transmise par le préfet au sous-préfet, qui, après s'être concerté avec le magistrat directeur du jury, convoque les jurés et les parties, en leur indiquant, au moins 8 jours à l'avance, le lieu et le jour de la réunion. La notification aux parties leur fait connaître les noms des jurés.

---

(1) Art. 30,—Toutes les fois qu'il y a lieu de recourir à un jury spécial, la cour royale, dans les départements qui sont le siége d'une cour royale, et dans les autres départements, le tribunal du chef-lieu judiciaire du département (toutes les chambres réunies en chambre du conseil) choisit sur la liste, dressée en vertu de l'article précédent, seize personnes pour former le jury spécial chargé de fixer définitivement le montant de l'indemnité.

La cour ou le tribunal choisit en outre et en même temps quatre jurés supplémentaires.

Ne peuvent être choisis :

1° Les propriétaires, fermiers, locataires des terrains et bâtiments désignés dans l'arrêté du préfet pris en vertu de l'article 11 et qui restent à acquérir;

2° Les créanciers ayant inscription sur lesdits immeubles ;

3° Tous autres intéressés désignés ou intervenant en vertu des articles 21 et 22.

Les septuagénaires seront dispensés, s'ils le requièrent, des fonctions de juré.

32. Tout juré qui, sans motifs légitimes, manque à l'une des séances ou refuse de prendre part à la délibération, encourt une amende de cent francs au moins et de trois cents francs au plus.

L'amende est prononcée par le magistrat directeur du jury.

Il statue en dernier ressort sur l'opposition qui serait formée par le juré condamné.

Il prononce également sur les causes d'empêchement que les jurés proposent, ainsi que sur les exclusions ou incompatibilités dont les causes ne seraient survenues ou n'auraient été connues que postérieurement à la désignation faite en vertu de l'art. 30.

33. Ceux des jurés qui se trouvent rayés de la liste par suite des empêchements, exclusions ou incompatibilités prévus à l'art. précédent, sont immédiatement remplacés par les jurés supplémentaires que le magistrat directeur du jury appelle dans l'ordre de leur inscription.

En cas d'insuffisance, le magistrat directeur du jury choisit, sur la liste dressée en vertu de l'art. 29, les personnes nécessaires pour compléter le nombre des seize jurés (1).

34. Le magistrat directeur du jury est assisté, auprès du jury spécial, du greffier ou commis greffier du tribunal,

---

(1) Art. 33.—Ceux des jurés qui se trouvent rayés de la liste par suite des empêchements, exclusions ou incompatibilités prévus à l'article précédent, sont immédiatement remplacés par les jurés supplémentaires, que le magistrat directeur du jury appelle dans l'ordre de leur inscription.

En cas d'insuffisance, le tribunal de l'arrondissement choisit sur la liste dressée en vertu de l'article 29, les personnes nécessaires pour compléter le nombre des seize jurés.

qui appelle successivement les causes sur lesquelles le jury
doit statuer et tient procès-verbal des opérations.

Lors de l'appel, l'administration a le droit d'exercer deux
récusations péremptoires ; la partie adverse a le même
droit.

Dans le cas où plusieurs intéressés figurent dans la même
affaire, ils s'entendent pour l'exercice du droit de récusation, sinon le sort désigne ceux qui doivent en user.

Si le droit de récusation n'est point exercé, ou s'il ne l'est
que partiellement, le magistrat directeur du jury procède
à la réduction des jurés au nombre de douze, en retranchant
les derniers noms inscrits sur la liste.

35. Le jury spécial n'est constitué que lorsque les
douze jurés sont présents.

Les jurés ne peuvent délibérer valablement qu'au nombre de neuf au moins.

36. Lorsque le jury est constitué, chaque juré prête serment de remplir ses fonctions avec impartialité

37. Le magsitrat directeur met sous les yeux du jury;

1° Le tableau des offres et demandes notifiées en exécution des art. 23 et 24 ;

2° Les plans parcellaires et les titres ou autres documents
produits par les parties à l'appui de leurs offres et demandes.

Les parties ou leurs fondés de pouvoir peuvent présenter
sommairement leurs observations.

Le jury pourra entendre toutes les personnes qu'il croira
pouvoir l'éclairer.

Il pourra également se transporter sur les lieux ou déléguer à cet effet un ou plusieurs de ses membres.

La discussion est publique ; elle peut être continuée à
une autre séance.

38. La clôture de l'instruction est prononcée par le magistrat directeur du jury.

Les jurés se retirent immédiatement dans leur chambre pour délibérer, sans désemparer, sous la présidence de l'un d'eux, qu'ils désignent à l'instant même.

Le décision du jury fixe le montant de l'indemnité; elle est prise à la majorité des voix.

En cas de partage, la voix du président du jury est prépondérante.

39. Le jury prononce des indemnités distinctes en faveur des parties qui les réclament à des titres différents, comme propriétaires, fermiers, locataires, usagers et autres intéressés dont il est parlé à l'art. 24.

Dans le cas d'usufruit, une seule indemnité est fixée par le jury, eu égard à la valeur totale de l'immeuble; le nu-propriétaire et l'usufruitier exercent leurs droits sur le montant de l'indemnité, au lieu de l'exercer sur la chose.

L'usufruitier sera tenu de donner caution; les père et mère ayant l'usufruit légal des biens de leurs enfants en seront seuls dispensés.

Lorsqu'il y a litige sur le fond du droit ou sur la qualité des réclamants, et toutes les fois qu'il s'élève des difficultés étrangères à la fixation du montant de l'indemnité, le jury règle l'indemnité indépendamment de ces litiges et difficultés, sur lesquels les parties sont renvoyées à se pourvoir devant qui de droit.

L'indemnité allouée par le jury ne peut, en aucun cas, être inférieure aux offres de l'administration, ni supérieure à la demande de la partie intéressée (1).

---

(1) Art. 39.—Le jury prononce des indemnités distinctes en faveur des parties qui les réclament à des titres différents, comme proprié-

40. Si l'indemnité réglée par le jury ne dépasse pas l'offre de l'administration, les parties qui l'auront refusée seront condamnées aux dépens.

Si l'indemnité est égale à la demande des parties, l'administration sera condamnée aux dépens.

Si l'indemnité est à la fois supérieure à l'offre de l'administration et inférieure à la demande des parties, les dépens seront compensés de manière à être supportés par les parties et l'administration, dans les proportions de leur offre ou de leur demande avec la décision du jury.

Tout indemnitaire qui ne se trouvera pas dans le cas des art. 25 et 26 sera condamné aux dépens, quelle que soit l'estimation ultérieure du jury, s'il a omis de se conformer aux dispositions de l'art. 24 (1).

41. La décision du jury signée des membres qui y ont

---

taires, fermiers, locataires, usagers, autres que ceux dont il est parlé au premier paragraphe de l'art. 21, etc.

Dans le cas d'usufruit, une seule indemnité est fixée par le jury, eu égard à la valeur totale de l'immeuble; le nu-propriétaire et l'usufruitier exercent leurs droits sur le montant de l'indemnité au lieu de l'exercer sur la chose.

L'usufruitier sera tenu de donner caution, les père et mère ayant l'usufruit légal des biens de leurs enfants, en seront seuls dispensés.

Lorsqu'il y a litige sur le fond du droit ou la qualité des réclamants et toutes les fois qu'il s'élève des difficultés étrangères à la fixation du montant de l'indemnité, le jury règle l'indemnité indépendamment de ces difficultés sur lesquelles les parties sont renvoyées à se pourvoir devant qui de droit.

(1) Art. 40.—Si l'indemnité réglée par le jury est inférieure ou égale à l'offre faite par l'administration, les parties qui l'auront refusée seront condamnées aux dépens.

Si l'indemnité est égale ou supérieure à la demande des parties, l'administration sera condamnée aux dépens.

Si l'indemnité est à la fois supérieure à l'offre de l'administration concouru, est remise par le président au magistrat directeur, qui la déclare exécutoire, statue sur les dépens et envoie l'administration en possession de la propriété, à la charge par elle de se conformer aux dispositions des art. 53, 54 et suivants.

Ce magistrat taxe les dépens dont le tarif est déterminé par un réglement d'administration publique.

La taxe ne comprendra que les actes faits postérieurement à l'offre de l'administration ; les frais des actes antérieurs demeurent, dans tous les cas, à la charge de l'administration.

42. La décision du jury et l'ordonnance du magistrat directeur ne peuvent être attaquées que par la voie du recours en cassation et seulement pour violation du premier paragraphe de l'art. 30, de l'art. 31, des deuxième et quatrième paragraphes de l'art. 34 et des art. 35, 36, 37, 38, 39 et 40.

Le délai sera de quinze jours pour ce recours, qui sera d'ailleurs formé, notifié et jugé comme il est dit en l'art. 20 ; il courra à partir du jour de la décision (1).

---

et inférieure à la demande des parties, les dépens seront compensés de manière à être supportés par les parties et l'administration, dans les proportions de leur offre ou de leur demande avec la décision du jury.

Tout indemnitaire qui ne se trouvera pas dans le cas des articles 25 et 26, sera condamné aux dépens, quelle que soit l'estimation ultérieure du jury, s'il a omis de se conformer aux dispositions de l'article 24.

(1) Art. 42.—La décision du jury ne peut être attaquée que par la voie du recours en cassation, et seulement pour violation du premier paragraphe de l'art. 30 et des art. 31, 35, 36, 37, 38, 39 et 40.

Le délai sera de quinze jours pour ce recours, qui sera d'ailleurs formé, notifié et jugé comme il est dit en l'art. 20 ; il courra à partir du jour de la décision.

43. Lorsqu'une décision du jury aura été cassée, l'affaire sera renvoyée devant un nouveau jury choisi dans le même arrondissement.

Néanmoins la cour de cassation pourra, suivant les circonstances, renvoyer l'appréciation de l'indemnité à un jury choisi dans un des arrondissements voisins, quand même il appartiendrait à un autre département.

Il sera procédé à cet effet conformément à l'art. 30 (1).

44. Le jury ne connaît que des affaires dont il a été saisi au moment de sa convocation et statue successivement et sans interruption sur chacune de ces affaires. Il ne peut se séparer qu'après avoir réglé toutes les indemnités dont la fixation lui a été ainsi déférée.

45. Les opérations commencées par un jury et qui ne sont pas encore terminées au moment du renouvellement annuel de la liste générale mentionnée en l'art. 29, sont continuées, jusqu'à conclusion définitive, par le même jury.

46. Après la clôture des opérations du jury, les minutes de ses décisions et les autres pièces qui se rattachent auxdites opérations sont déposées au greffe du tribunal civil de l'arrondissement.

47. Les noms des jurés qui auront fait le service d'une session ne pourront être portés sur le tableau dressé par le conseil général pour l'année suivante.

---

(1) Art. 43.—Lorsqu'une décision du jury aura été cassée, l'affaire sera renvoyée devant un nouveau jury, choisi dans le même arrondissement.

Il sera procédé à cet effet conformément à l'art. 30.

CHAPITRE III.

DES RÈGLES A SUIVRE POUR LA FIXATION DES INDEMNITÉS.

48. Le jury est juge de la sincérité des titres et de l'effet des actes qui seraient de nature à modifier l'évaluation de l'indemnité.

49. Dans le cas où l'administration contesterait au détenteur exproprié le droit à une indemnité, le jury, sans s'arrêter à la contestation, dont il renvoie le jugement devant qui de droit, fixe l'indemnité comme si elle était due, et le magistrat directeur du jury en ordonne la consignation, pour, ladite indemnité, rester déposée jusqu'à ce que les parties se soient entendues ou que le litige soit vidé.

50. Les bâtiments dont il est nécessaire d'acquérir une portion pour cause d'utilité publique seront achetés en entier, si les propriétaires le requièrent par une déclaration formelle adressée au magistrat directeur du jury, dans les délais énoncés aux art. 24 et 27.

Il en sera de même de toute parcelle de terrain qui, par suite du morcellement, se trouvera réduite au quart de la contenance totale, si toutefois le propriétaire ne possède aucun terrain immédiatement contigu et si la parcelle ainsi réduite est inférieure à dix ares (1).

------

(1) Art. 50.—Les maisons et bâtiments dont il est nécessaire d'acquérir une portion pour cause d'utilité publique, seront achetés en entier, si les propriétaires le requièrent par une déclaration formelle adressée au magistrat directeur du jury, dans le délai énoncé en l'article 24.

Il en sera de même de toute parcelle de terrain qui, par suite du

51. Si l'exécution des travaux doit procurer une augmentation de valeur immédiate et spéciale au restant de la propriété, cette augmentation sera prise en considération dans l'évaluation du montant de l'indemnité (1).

52. Les constructions, plantations et améliorations ne donneront lieu à aucune indemnité, lorsque, à raison de l'époque où elles auront été faites ou de toutes autres circonstances dont l'appréciation lui est abandonnée, le jury acquiert la conviction qu'elles ont été faites dans la vue d'obtenir une indemnité plus élevée.

TITRE V.

DU PAIEMENT DES INDEMNITÉS.

53. Les indemnités réglées par le jury seront, préalablement à la prise de possession, acquittées entre les mains des ayants-droit.

S'ils se refusent à les recevoir, la prise de possession aura lieu après offres réelles et consignation.

S'il s'agit de travaux exécutés par l'État ou les départements, les offres réelles pourront s'effectuer au moyen d'un mandat égal au montant de l'indemnité réglée par le jury : ce mandat délivré par l'ordonnateur compétent, visé par le payeur, sera payable sur la caisse publique qui s'y trouvera désignée.

---

morcellement, se trouvera réduite au quart de la contenance totale, si toute fois le propriétaire ne possède aucun terrain immédiatement contigu et si la parcelle ainsi réduite est inférieure à dix ares.

(1) Art. 51.—Si l'exécution des travaux doit procurer une augmentation de valeur immédiate et spéciale au restant de la propriété, cette augmentation pourra être prise en considération dans l'évaluation de l'indemnité.

Si les ayants-droit refusent de recevoir le mandat, la prise de possession aura lieu après consignation en espèces (1).

54. Il ne sera pas fait d'offres réelles toutes les fois qu'il existera des inscriptions sur l'immeuble exproprié ou d'autres obstacles au versement des deniers entre les mains des ayants-droit ; dans ce cas, il suffira que les sommes dues par l'administration soient consignées, pour être ultérieurement distribuées ou remises, selon les règles du droit commun.

55. Si, dans les six mois du jugement d'expropriation, l'administration ne poursuit pas la fixation de l'indemnité, les parties pourront exiger qu'il soit procédé à ladite fixation.

Quand l'indemnité aura été réglée, si elle n'est ni acquittée ni consignée dans les six mois de la décision du jury, les intérêts courront de plein droit à l'expiration de ce délai (2).

TITRE VI.

DISPOSITIONS DIVERSES.

56. Les contrats de vente, quittances et autres actes relatifs à l'acquisition des terrains, peuvent être passés

---

(1) Art. 53.—Les indemnités réglées par le jury, seront, préablement à la prise de possession, acquittées entre les mains des ayants-droit.

S'ils se refusent à les recevoir, la prise de possession aura lieu après offres réelles et consignation.

(2) Art. 55.—Si dans les six mois du jugement d'expropriation, l'administration ne poursuit pas la fixation de l'indemnité, les parties pourront exiger qu'il soit procédé à ladite fixation.

Quand l'indemnité aura été réglée, si elle n'est ni acquittée ni consignée dans les six mois, les intérêts courront de plein droit à l'expiration de ce délai, à titre de dédommagement.

dans la forme des actes administratifs; la minute restera déposée au secrétariat de la préfecture, expédition en sera transmise à l'administration des domaines.

57. Les significations et notifications mentionnées en la présente loi sont faites à la diligence du préfet du département de la situation des biens.

Elles peuvent être faites tant par huissier que par tout agent de l'administration dont les procès-verbaux font foi en justice.

58. Les plans, procès-verbaux, certificats, significations, jugements, contrats, quittances et autres actes faits en vertu de la présente loi, seront visés pour timbre et enregistrés gratis, lorsqu'il y aura lieu à la formalité de l'enregistrement.

Il ne sera perçu aucuns droits pour la transcription des actes au bureau des hypothèques.

Les droits perçus sur les acquisitions amiables faites antérieurement aux arrêtés de préfet, seront restitués, lorsque, dans le délai de deux ans, à partir de la perception, il sera justifié que les immeubles acquis sont compris dans ces arrêtés. La restitution des droits ne pourra s'appliquer qu'à la portion des immeubles qui aura été reconnue nécessaire à l'exécution des travaux (1).

59. Lorsqu'un propriétaire aura accepté les offres de l'administration, le montant de l'indemnité devra, s'il l'exige et s'il n'y a pas eu contestation de la part des tiers dans les délais prescrits par les art. 24 et 27, être versé à la caisse

---

(1) Art. 58 —Les plans, procès-verbaux, certificats, significations, jugements, contrats, quittances et autres actes faits en vertu de la présente loi, seront visés pour timbre et enregistrés gratis, lorsqu'il y aura lieu à la formalité de l'enregistrement.

des dépôts et consignations, pour être remis ou distribué à qui de droit, selon les règles du droit commun (1).

60. Si les terrains acquis pour des travaux d'utilité publique ne reçoivent pas cette destination, les anciens propriétaires ou leurs ayants-droit, peuvent en demander la remise.

Le prix des terrains rétrocédés est fixé à l'amiable, et, s'il n'y a pas accord, par le jury, dans les formes ci-dessus prescrites. La fixation par le jury ne peut, en aucun cas, excéder la somme moyennant laquelle les terrains ont été acquis.

61. Un avis, publié de la manière indiquée en l'article 6, fait connaître les terrains que l'administration est dans le cas de revendre. Dans les trois mois de cette publication, les anciens propriétaires qui veulent réacquérir la propriété desdits terrains sont tenus de le déclarer ; et, dans le mois de la fixation du prix, soit amiable, soit judiciare, ils doivent passer le contrat de rachat et payer le prix : le tout à peine de déchéance du privilége que leur accorde l'article précédent.

62. Les dispositions des articles 60 et 61 ne sont pas applicables aux terrains qui auront été acquis sur la réquisition du propriétaire, en vertu de l'art. 50 et qui resteraient disponibles après l'exécution des travaux.

63. Les concessionnaires des travaux publics exerceront tous les droits conférés à l'administration et seront soumis

---

(1) Art. 59.—Lorsqu'un propriétaire aura accepté les offres de l'administration, le montant de l'indemnité devra, s'il l'exige et s'il n'y a pas eu contestation de la part des tiers, dans le délai prescrit par l'article 28, être versé à la caisse des dépôts et consignations, pour être remis ou distribué à qui de droit, selon les règles du droit commun.

à toutes les obligations qui lui sont imposées par la présente loi.

64. Les contributions de la portion d'immeuble qu'un propriétaire aura cédée, ou dont il aura été exproprié pour cause d'utilité publique, continueront à lui être comptées pendant un an, à partir de la remise de la propriété, pour former son cens électoral.

TITRE VII.

DISPOSITIONS EXCEPTIONNELLES

CHAPITRE Ier (1).

65. Lorsqu'il y aura urgence de prendre possession des terrains non bâtis qui seront soumis à l'expropriation, l'urgence sera spécialement déclarée par une ordonnance royale.

66. En ce cas, après le jugement d'expropriation, l'ordonnance qui déclare l'urgence et le jugement seront notifiés, conformément à l'art 15, aux propriétaires et aux détenteurs, avec assignation devant le tribunal civil. L'assignation sera donnée à trois jours au moins; elle énoncera la somme offerte par l'administration.

67. Au jour fixé, le propriétaire et les détenteurs seront tenus de déclarer la somme dont ils demandent la consignation avant l'envoi en possession.

Faute par eux de comparaître, il sera procédé en leur absence.

68. Le tribunal fixe le montant de la somme à consigner.

---

(1) Art. 65 à 75, Dispositions nouvelles.

Le tribunal, peut se transporter sur les lieux ou commettre un juge pour visiter les terrains, recueillir tous les renseignements propres à en déterminer la valeur et en dresser, s'il y a lieu, un procès-verbal descriptif. Cette opération devra être terminée dans les cinq jours, à dater du jugement qui l'aura ordonnée.

Dans les trois jours de la remise de ce procès-verbal au greffe, le tribunal déterminera la somme à consigner.

69. La consignation doit comprendre, outre le principal, la somme nécessaire pour assurer, pendant deux ans, le paiement des intérêts à cinq pour cent.

70. Sur le vu du procès-verbal de consignation et sur une nouvelle assignation à deux jours de délai au moins, le président ordonne la prise de possession.

71 Le jugement du tribunal et l'ordonnance du président sont exécutoires sur minute et ne peuvent être attaqués par opposition ni par appel.

72. Le président taxera les dépens qui seront supportés par l'administration.

73. Après la prise de possession, il sera, à la poursuite de la partie la plus diligente, procédé à la fixation définitive de l'indemnité, en exécution du titre IV de la présente loi

74. Si cette fixation est supérieure à la somme qui a été déterminée par le tribunal, le supplément doit être consigné dans la quinzaine de la notification de la décision du jury, et, à défaut, le propriétaire peut s'opposer à la continuation des travaux.

CHAPITRE II.

75. Les formalités prescrites par les titres I et II de la présente loi ne sont applicables ni aux travaux militaires, ni aux travaux de la marine royale.

Pour ces travaux une ordonnance royale détermine les terrains qui sont soumis à l'expropriation.

76. L'expropriation ou l'occupation temporaire, en cas d'urgence, des propriétés privées qui seront jugées nécessaires pour des travaux de fortification, continueront d'avoir lieu conformément aux dispositions prescrites par la loi du 30 mars 1831.

Toutefois, lorsque les propriétaires ou autres intéressés n'auront pas accepté les offres de l'administration, le réglement définitif des indemnités aura lieu conformément aux dispositions du titre IV ci-dessus.

Seront également applicables aux expropriations poursuivies en vertu de la loi du 30 mars 1831, les art. 16, 17, 18, 19 et 20, ainsi que le titre VI de la présente loi.

TITRE VIII.

DISPOSITIONS FINALES.

77. Les lois des 8 mars 1810 et 7 juillet 1833 sont abrogées.

SOMMAIRE GÉNÉRAL.

TITRE Ier.

DISPOSITIONS PRÉLIMINAIRES.

TITRE II.

DES MESURES D'ADMINISTRATION RELATIVES A L'EXPROPRIATION.

TITRE III.

DE L'EXPROPRIATION ET DE SES SUITES QUANT AUX PRIVILÉGES, HYPOTHÈQUES ET AUTRES DROITS RÉELS.

TITRE IV.

DU RÉGLEMENT DES INDEMNITÉS.

CHAPITRE Ier. — MESURES PRÉPARATOIRES.

CHAPITRE II. — DU JURY SPÉCIAL CHARGÉ DE RÉGLER LES INDEMNITÉS.

CHAPITRE III. — DES RÈGLES A SUIVRE POUR LA FIXATION
DES INDEMNITÉS.

TITRE V.

DU PAIEMENT DES INDEMNITÉS.

TITRE VI.

DISPOSITIONS DIVERSES.

TITRE VII.

DISPOSITIONS EXCEPTIONNELLES OU DE LA PRISE DE POSSESSION AVANT LE RÉGLEMENT DES INDEMNITÉS.

. TITRE VIII.

TABLEAU

DE LA JURISPRUDENCE

DE LA COUR DE CASSATION

EN MATIÈRE D'EXPROPRIATION POUR CAUSE D'UTILITÉ PUBLIQUE

TITRE Ier.

Dispositions préliminaires.

I. Comment s'opère l'expropriation ?

II. Quand l'expropriation peut-elle être prononcée ?

III. Dans quelles formes l'utilité de l'expropriation doit-elle être constatée et déclarée ?

IV. Dans quels cas faut-il une loi, dans quels cas l'acte du chef du pouvoir exécutif suffira-t-il ?

V. De l'enquête administrative qui doit précéder la loi ou l'acte du chef du pouvoir exécutif.

I. *Comment s'opère l'expropriation ?*

Art. 1er » L'expropriation pour cause d'utilité publique (1) s'opère par autorité de justice. »

---

(1) L'expropriation ne s'applique qu'aux immeubles, mais elle s'applique indistinctement à ceux des nationaux et des étrangers, des établissements publics ou des simples particuliers. Un avis du conseil d'Etat du 9 février 1808, approuvé par l'empereur le 21 du même mois, et qui, par conséquent, a force de loi, a décidé que les biens et domaines nationaux sont, comme les propriétés particulières, susceptibles d'être aliénés, en cas de besoin, pour utilité publique, départe-

1. Cet article, reproduit littéralement de la loi du 7 juillet 1833, avait été à cette époque l'objet d'une critique.

Cet article, *disait-on*, renferme une véritable déception en ce qu'il énonce que l'expropriation pour cause d'utilité publique s'opère par autorité de justice, car c'est l'autorité administrative qui constate la nécessité de l'expropriation, c'est elle qui dépouille le propriétaire de sa propriété, c'est donc par elle et non par autorité de justice que s'opère l'expropriation pour cause d'utilité publique.

Cependant, à notre estime, il eût été difficile d'employer une expression plus exacte. En effet, l'autorité administrative constate bien la nécessité de l'expropriation, mais c'est aux tribunaux de l'ordre judiciaire qu'est réservé le droit de prononcer l'expropriation que l'administration a préparée ; aussi concevra-t-on très-bien que l'article ait été rédigé et adopté alors tel qu'il a été conservé depuis.

II. *Quand l'expropriation peut-elle être prononcée ?*

Art. 2. 1er alinéa. « Les tribunaux ne peuvent prononcer l'expropriation qu'autant que l'utilité en a été constatée et déclarée dans les formes prescrites par la présente loi.

---

mentale ou communale, et qu'il suffit pour l'aliénation *d'une estimation à dire d'experts*, et d'un acte du chef de l'État, tandis que d'ordinaire les propriétés de l'État ne peuvent être aliénées qu'aux enchères publiques, ou bien par une loi sur expertise contradictoire. Le décret du 21 février 1808 est considéré comme étant encore en vigueur, et le Gouvernement en a fait l'application dans plusieurs circonstances. (*Supplément aux Institutes de droit administratif de M. le baron e Gérando,* page 66.)

2. Ce principe s'applique même au cas où il s'agit de travaux rendus nécessaires par l'exécution d'autres travaux dont l'utilité avait été précédemment déclarée. Ainsi, lorsqu'un grand travail d'utilité publique, tel que la canalisation d'une rivière, a été régulièrement autorisé et qu'après la confection de ce travail quelques travaux accessoires, comme par exemple la construction d'un pont, sont reconnus nécessaires, l'administration ne peut réclamer son envoi en possession du terrain sur lequel doivent être élevées les nouvelles constructions, sans remplir préalablement les formalités prescrites par la présente loi. — *Préfet du Puy-de Dôme c. Courzon et autres*, 24 novembre 1836 : — *De Valbrume c. Préfet de la Dordogne*, 13 janvier 1840 ; — *Étienne et de la Chaume c. Comp. du chemin de fer d'Orléans*, 10 mai 1847 ; — *Compagnie Heim et Alquier c. Chemin de fer du Nord*, 27 février 1849.

III. *Dans quelles formes l'utilité de l'expropriation doit-elle être constatée et déclarée?*

Art. 2. 2me et 3me alinéas. « Ces formes consistent : 1° dans la loi ou l'ordonnance royale (1) qui autorise l'exécution des travaux pour lesquels l'expropriation est requise ; 2° dans l'acte du préfet, qui désigne les localités ou territoires sur lesquels les travaux doivent avoir lieu, lorsque cette désignation ne résulte pas de la loi ou de l'ordonnance royale ; 3° dans l'arrêté ultérieur par lequel le préfet détermine les propriétés particu-

____

(1) Maintenant dans un acte du chef du pouvoir exécutif.

lières auxquelles l'expropriation est applicable.
« Cette application ne peut être faite à aucune propriété particulière qu'après que les parties intéressées ont été mises en état d'y fournir leurs
contredits, selon les règles exprimées au titre II. »

3. Lorsque la loi de concession de travaux publics ne désigne pas dans son texte les localités ou territoires sur lesquels les travaux doivent avoir lieu, la désignation en doit
être faite par acte du préfet: l'arrêté ultérieur de ce fonctionnaire, qui détermine les propriétés particulières sujettes
à l'expropriation, ne suffit pas. — *Gaullieur l'Hardy c.
Boyer-Fonfrède*, 6 janvier 1836.

4. Dans ce cas, en effet, l'expropriation ne peut être prononcée qu'autant que le préfet aura rendu deux arrêtés suc-
cessifs: le *premier*, pour désigner les localités ou territoires
sur lesquels les travaux doivent avoir lieu; le *deuxième*,
pour déterminer à une autre phase de la procédure, c'est-à-
dire après l'accomplissement des formalités prescrites par le
titre II de la présente loi, les propriétés particulières auxquelles l'expropriation est applicable. — *Desplats c. Préfet du
Tarn*, 30 avril 1845.

5. Mais l'acte du préfet, désignant les localités et territoires sur lesquels les travaux doivent avoir lieu, n'est requis que dans le silence de la loi ou de l'ordonnance royale
— *Héritiers Bourgon c. la ville de Besançon*, 3 juillet 1839.

6. Et l'arrêté déterminant les propriétés auxquelles s'applique l'expropriation n'est pas nécessaire, lorsque, par la
nature des travaux, leur point de départ et leur direction
sont incertains. — *Même arrêt.*

IV. *Dans quels cas faut-il une loi, dans quels cas l'acte
du chef du pouvoir exécutif suffira-t-il ?*

ART. 3: 1er et 2e alinéas : « Tous grands travaux
publics, routes royales, canaux, chemins de fer,
canalisation de rivières, bassins et docks, entrepris par l'État, les départements, les communes,
ou par compagnies particulières, avec ou sans
péage, avec ou sans subside du trésor, avec ou
sans aliénation du domaine public, ne pourront
être exécutés qu'en vertu d'une loi, qui ne sera
rendue qu'après une enquête administrative.

« Une ordonnance royale suffira pour autoriser
l'exécution des routes départementales, celles des
canaux et chemins de fer d'embranchement de
moins de 20,000 mètres de longueur, des ponts
et de tous autres travaux de moindre importance.
Cette ordonnance devra également être précédée
d'une enquête. »

7. La disposition de l'article 3, 1er alinéa, qui veut que
des routes nationales ne puissent être exécutées qu'en vertu
d'une loi rendue après une enquête administrative, n'a pas
eu pour effet de rétroagir contre les classements antérieurs
de routes nationales régulièrement ordonnées, ni de soumettre à de nouvelles déclarations d'utilité publique les travaux
d'alignement et d'élargissement conformes aux plans anciens de ces routes. — *Préfet de la Haute-Saône c. Euvrard,*
5 août 1844.

8. Mais, lorsque par un décret une route a été déclarée départementale dans l'emplacement qu'elle avait alors et qu'elle a encore aujourd'hui, le redressement projeté sur une direction nouvelle du chemin aujourd'hui existant est un nouvel œuvre, et, pour pouvoir effectuer légalement une pareille opération, un acte du chef du pouvoir exécutif, précédé d'une enquête administrative, est indispensable. — *Préfet de la Drôme c. Rousset et autres,* 11 juillet 1838.

9. Il en doit être ainsi des travaux tendant au redressement d'un canal dont la construction avait été autorisée et qui était parachevée. — *Préfet des Ardennes c. la commune d'Attigny,* 8 avril 1835.

10. Le déclassement d'une route qu'on fait passer d'un rang inférieur à un rang plus élevé, exigeant des travaux de rectification ou de redressement donnant lieu à des expropriations, doit également. ainsi que le décret qui l'approuve, être précédé de l'enquête administrative. *Préfet de la Drôme c. Forquet,* 13 janvier 1840.

11. Il en est de même encore dans le cas de rectifications dont les routes départementales votées avant la promulgation de la loi des 20-24 mars 1835, mais non exécutées, sont jugées susceptibles. — *Préfet de la Somme c. Delegorgue et Remy,* 10 mai 1843.

V. *De l'enquête administrative qui doit précéder la loi ou l'acte du chef du pouvoir exécutif.*

Art. 5. Dernier alinéa : « Ces enquêtes auront lieu dans les formes déterminées par un règlement d'administration publique » (1).

---

(1) Ordonnances des 18 février 1834, 15 février et 23 août 1835.

12. Lorsque des travaux ont été déclarés d'utilité publique par une loi, il n'appartient pas aux tribunaux chargés de prononcer l'expropriation d'examiner si cette loi a été précédée d'enquêtes suffisantes. En effet, l'autorité judiciaire ne peut pas réviser ce que le législateur a décidé souverainement. — *Lenormand et autres c. Compagnie du chemin de fer de Paris à Rouen*, 25 août 1841.

13. Le décret déclaratif d'utilité publique, qui énonce qu'il a été précédé d'une enquête administrative et que cette enquête a eu lieu dans la forme voulue, fait foi de la vérité de ces énonciations, qui ne peuvent plus être contestées par l'exproprié devant l'autorité judiciaire, qui d'ailleurs n'est pas compétente pour juger le fond des formalités administratives. — *Forquet c. préfet de la Drôme*, 10 août 1841 ; — *Mailler c. préfet de la Manche*, 14 décembre 1842.

4. On ne peut même être admis à s'inscrire en faux contre ce décret. — *Houzet et autres c. préfet du Nord*, 22 août 1838.

Dans l'espèce, on demandait à prouver qu'il n'y avait pas eu d'enquête. *La Cour a dit :* « Le visa, dans le préambule « de l'ordonnance de l'enquête administrative suffit pour « faire tomber l'allégation du demandeur, puisque la Cour « ne pourrait, sans excéder ses pouvoirs et sortir du cercle « de ses attributions, examiner le mérite de cette ordon- « nance royale. Ce n'est point devant l'autorité judiciaire « que la voie de l'inscription de faux serait ouverte contre « une telle ordonnance, s'il pouvait y avoir lieu de la pro- « poser. »

Toutefois, nous dirons avec M. Delalleau, qu'il nous semble que l'on eût dû appeler les juges à vérifier si, en fait, il y a eu une enquête ; sans cela, *dit cet auteur*, la disposition de l'article 3, qui exige que l'enquête ait lieu, n'a aucune autre sanction que la responsabilité du ministre, qui contresigne l'ordonnance déclarative de l'utilité publique. C'est cependant une disposition aussi importante pour les propriétaires que la plupart de celles consacrées dans le titre. (DELALLEAU. *Traité de l'expropriation pour cause d'utilité publique*, n° 306).

TITRE DEUXIÈME.

Des mesures d'administration relatives à l'expropriation.

I. DES PLANS PARCELLAIRES.

II. DE LA COMMISSION D'EXAMEN.

III. EXCEPTION EN CE QUI CONCERNE L'EXPROPRIATION DEMAN-
DÉE PAR UNE COMMUNE ET DANS UN INTÉRÊT PUREMENT
COMMUNAL, ET LES TRAVAUX D'OUVERTURE OU DE RE-
DRESSEMENT DES CHEMINS VICINAUX.

I. DES PLANS PARCELLAIRES.

§ 1. Teneur et communication des plans.

§ 2. Mode d'avertissement du dépôt des plans

§ 3. Mode de constatation de l'accomplissement des formalités requises par l'article 6 et des déclarations et réclamations auxquelles peut donner lieu l'expropriation.

I. *Des plans parcellaires.*

Art. 4. « Les ingénieurs ou autres gens de l'art chargés de l'exécution des travaux lèvent, pour la partie qui s'étend sur chaque commune, le plan parcellaire des terrains ou des édifices dont la cession leur paraît nécessaire. »

15. Le plan dressé pour des travaux antérieurement faits peut encore servir pour des travaux postérieurs, alors que les parcelles nouvellement expropriées ont été nettement déterminées à l'aide de deux lignes ajoutées au plan primitif.—*Forquet c. préfet de la Drôme,* 10 août 1841.

§ 1ᵉʳ. — Teneur et communication des plans.

Art. 5. « Le plan desdites propriétés particulières indicatif des noms de chaque propriétaire, tels qu'ils sont inscrits sur la matrice des rôles, reste déposé, pendant huit jours, à la mairie de la commune où les propriétés sont situées, afin que chacun puisse en prendre connaissance. »

16. Le vœu de la loi, en ce qui concerne l'indication des noms des propriétaires soumis à l'expropriation, est suffisamment rempli, lorsque le plan contient la désignation particulière de chaque parcelle des propriétés que frappe l'expropriation, avec mention du nom du propriétaire, de la section dans laquelle la propriété était assise et du numéro du plan cadastral. — *Mailler c. le préfet de la Manche,* 14 décembre 1842.

17. Le dépôt du plan parcellaire doit avoir lieu à la mairie du lieu où sont situés les terrains dont l'expropriation est poursuivie, encore bien que l'expropriation soit poursuivie dans un intérêt purement communal. — *Houzet c. préfet du Nord,* 2 février 1836.

18. Ce dépôt est valablement fait au domicile du secrétaire greffier, s'il n'existe pas de mairie dans la commune. — *Houzet et autres c. le préfet du Nord,* 22 août 1838.

19. Les dispositions des articles 4 et 5 peuvent être considérées comme inapplicables, lorsque la nature particu-

lière et l'objet de l'expropriation doivent entraîner la nécessité d'un travail dont le point de départ est encore inconnu. — *Héritiers Bourgon c. la ville de Besançon*, 3 juillet 1839.

Dans l'espèce de cet arrêt, il s'agissait de l'attribution à la ville de Besançon d'une source dont les eaux devaient servir à augmenter le volume des eaux des fontaines publiques. Mais la direction de la conduite, la nature des travaux, les terrains à parcourir souterrainement ou à ciel ouvert, tout était hypothétique et dépendait d'un événement incertain, c'est-à-dire du point où les eaux seraient trouvées réunies et du véritable orifice de la source alors perdue dans des terrains d'éboulement.

§ 2. — Mode d'avertissement du dépôt des plans.

Art. 6. « Le délai fixé à l'article précédent ne court qu'à dater de l'avertissement, qui est donné collectivement aux parties intéressées, de prendre communication du plan déposé à la mairie. — Cet avertissement est publié à son de trompe ou de caisse dans la commune et affiché tant à la principale porte de l'église du lieu qu'à celle de la maison commune.——Il est en outre inséré dans l'un des journaux publiés dans l'arrondissement, ou, s'il n'en existe aucun, dans l'un des journaux du département. »

20. Ce mode d'avertissement suffit, que l'expropriation doive comprendre les propriétés de plusieurs particuliers ou d'un seul. Il n'est dû, dans aucun cas, d'avertisse-

ment individuel au propriétaire atteint par l'expropriation.
— *Le préfet de la Corrèze c. Monteil*, 14 avril 1840.

21. Un avertissement individuel donné par le maire aux parties intéressées ne peut même pas suppléer l'avertissement collectif et public dont les formes ont été soigneusement déterminées par la loi et qui résulte des affiches, des publications et des insertions dans les journaux.— *Desplats c. le préfet du Tarn*, 30 avril 1845.

22. Le défaut d'insertion seul emporte nullité du jugement qui prononce l'expropriation, encore bien que l'avertissement ait été donné individuellement.— *Soulbien et autres c. la commune de Cintray*, 4 avril 1843.

§ 3. Mode de constatation de l'accomplissement des formalités requises par l'article 6 et des déclarations et réclamations auxquelles peut donner lieu l'expropriation.

Art. 7. « Le maire certifie ces publications et affiches ; il mentionne sur un procès-verbal qu'il ouvre à cet effet, et que les parties qui comparaissent sont requises de signer, les déclarations et réclamations qui lui ont été faites verbalement, et y annexe celles qui lui sont transmises par écrit. »

23. Ce soin est confié au maire, sans aucune exception, même pour le cas où il s'agit d'une expropriation poursuivie dans l'intérêt de la commune administrée par cet officier public. — *Desbrosses c. la ville de la Rochelle*, 11 août 1841.

24. Il n'est pas nécessaire que le procès-verbal, ouvert pour recevoir les observations des parties intéressées, fasse mention du dépôt des plans et de la durée de ce dépôt,

lorsque d'ailleurs il résulte de l'ensemble du procès-verbal que ce dépôt a été fait et qu'il a duré pendant le temps voulu.—*Bourgon c. la ville de Besançon*, 20 avril 1842.

25. Le certificat du maire constatant que les affiches de l'avertissement collectif ont été apposées, conformément à l'arrêté du préfet, qui ordonnait leur apposition, tant à la porte de l'église qu'à celle de la maison commune, fait preuve suffisante de l'apposition régulière de ces affiches. —*Dupontavice c. le préfet du Calvados*, 2 janvier 1844.

26. OBSERVATION.—Le maire doit transmettre les renseignements qu'il a recueillis au sous-préfet ; on n'a pas cru nécessaire de mettre cette obligation dans la loi, mais on a reconnu que cela devait se faire ainsi.

II. DE LA COMMISSION D'EXAMEN.

§ 1. Sa composition.
§ 2. Mode de délibération de la commission.
§ 3. Attributions confiées à la commission.—Suites.

II. *De la commission d'examen.*

Art. 8, alinéa 1er. « A l'expiration du délai de huitaine prescrit par l'article 5, une commission se réunit au chef-lieu de la sous-préfecture.

§ 1er. Sa composition.

Art. 8, alinéa 2e et dernier. « Cette commission, présidée par le sous-préfet de l'arrondissement, sera composée de quatre membres du conseil général du département ou du conseil de l'arrondissement désignés par le préfet, du maire de la commune où les propriétés sont situées, et de l'un des ingénieurs chargés de l'exécution des travaux.

« Les propriétaires qu'il s'agit d'exproprier ne peuvent être appelés à faire partie de la commission. »

27. Celui qui a figuré dans la commission de l'enquête exigée par l'article 3 peut encore être membre de la commission prescrite par l'article 8. — *Forquet c. le préfet de la Drôme*, 10 août 1841.--*Mailler c. le préfet de la Manche*, 14 décembre 1842.

28. Un ingénieur que la première commission d'enquête a entendu, conformément à l'article 6 de l'ordonnance du 18 février 1834, peut faire partie de la deuxième commission.—Il y aurait, sans cela, contradiction manifeste entre les deux textes, puisque l'article 6 de l'ordonnance exige qu'on entende tous les ingénieurs du département et que l'article 8 appelle à la deuxième commission un des ingénieurs chargés des travaux.—*Forquet, arrêt cité.*

29. Quand des travaux d'utilité publique doivent s'étendre sur plusieurs communes, on doit former autant de commissions administratives qu'il y a de communes, en n'appelant dans chacune de ces commissions que le maire de la commune où sont situées les propriétés à exproprier. — *Gaullieur l'Hardy c. Boyer-Fonfrède*, 6 janvier 1836,

En effet, la formation d'une commission unique dans laquelle les maires de toutes les communes délibéreraient concurremment, constituerait une double violation de la loi, parce que ce serait, *d'une part,* changer arbitrairement le nombre légal des membres délibérant dont chaque commission d'examen doit être composée, et, *d'une autre part,* appeler des maires incompétents pour exprimer un avis sur des questions de localité étrangères à leurs territoires.

30. OBSERVATION. — Lors de la discussion de la loi, M. Caumartin avait demandé la suppression du dernier alinéa de l'article 8, afin que, conformément au droit commun, non-seulement les propriétaires, mais leurs parents au degré indiqué par les dispositions du code de procédure pour les récusations de juges et toutes les parties intéressées fussent exclus de la commission.

M. le rapporteur a répondu : « L'observation de M. Caumartin, que d'autres intéressés pourront faire partie de la commission, est fondée, mais l'inconvénient est à peu près inévitable. Leur qualité n'est pas toujours connue comme celle du propriétaire, qui résulte de la matrice des rôles. C'est à l'administration à tâcher de connaître les intéressés autres que les propriétaires et à ne pas les nommer membres de la commission.

§ 2. Mode de délibération de la commission.

Art. 8, alinéas 3 et 4. « La commission ne peut délibérer valablement qu'autant que cinq de ses membres au moins sont présents.

« Dans le cas où le nombre des membres présents serait de six, et où il y aurait partage d'opinions, la voix du président serait prépondérante. »

31. Sous l'empire de la loi du 7 juillet 1833, l'avis de la commission ne devait être considéré comme légal qu'autant qu'il était émané du concours des sept membres.—*Héritiers Bourgon c. la ville de Besançon*, 3 juillet 1839.

La loi du 3 mai 1841 a fixé un minimum possible de

membres présents et a donné au président voix prépondérante en cas de partage d'opinions.

32. Mais est nul l'avis émis par moins de cinq membres, et cette nullité entraîne celle du jugement. qui décide que l'expropriation pouvait néanmoins être complétement prononcée.—*Benker c. le préfet de l'Hérault,* 24 août 1846.

§ 3. Attributions confiées à la commission. — Suites.

Art. 9. La commission reçoit, pendant huit jours, les observations des propriétaires. — Elle les appelle toutes les fois qu'elle le juge convenable. —Elle donne son avis.—Ses opérations doivent être terminées dans le délai de dix jours ; après quoi le procès-verbal est adressé immédiatement par le sous-préfet au préfet. — Dans le cas où lesdites opérations n'auraient pas été mises à fin dans le délai ci-dessus, le sous-préfet devra, dans les trois jours, transmettre au préfet son procès-verbal et les documents recueillis. »

Art. 10. « Si la commission propose quelque changement au tracé indiqué par les ingénieurs, le sous-préfet devra, dans la forme indiquée par l'article 6, en donner immédiatement avis aux propriétaires que ces changements pourront intéresser. Pendant huitaine, à dater de cet avertissement, le procès-verbal et les pièces resteront déposées à la sous-préfecture ; les parties intéressées pourront en prendre communication sans déplacement et sans frais, et fournir leurs obser-

vations écrites. Dans les trois jours suivants, le
sous-préfet transmettra toutes les pièces à la
préfecture. »

Art. 11. « Sur le vu du procès-verbal et des documents y annexés, le préfet détermine, par un arrêté motivé, les propriétés qui doivent être cédées,
et indique l'époque à laquelle il sera nécessaire
d'en prendre possession. Toutefois, dans le cas
où il résulterait de l'avis de la commission qu'il
y aurait lieu de modifier le tracé des travaux
ordonnés, le préfet surseoira jusqu'à ce qu'il ait
été prononcé par l'administration supérieure.
L'administration supérieure pourra, suivant les
circonstances, ou statuer définitivement ou ordonner qu'il soit procédé de nouveau à tout ou
partie des formalités prescrites par les articles
précédents. »

32. La commission ne peut ouvrir et fermer son procès-
verbal le même jour : elle doit, à peine de nullité, le tenir
ouvert pendant les huit jours. — *Préfet de la Gironde c.
Coudère*, 27 novembre 1838. — *Préfet du Jura c. la commune des Essarts*, 21 juin 1842.

33. Mais il n'est pas nécessaire qu'elle reste en perma-
nence ou qu'elle s'assemble chaque jour. — *Mailler c. le
préfet de la Manche*, 14 décembre 1842.

34. La commission n'est pas appelée à prononcer sur l'u-
tilité publique déjà déclarée, ni, au cas où il s'agit d'un chemin, sur le tracé général de ce chemin, mais seulement sur les

alignements particuliers qui sont la conséquence du tracé.— *Même arrêt.*

35. Lorsque la commission n'a pas donné son avis dans le délai, ses pouvoirs sont expirés et le sous-préfet doit passer outre, alors même que le défaut d'avis ou de délibération provient de l'absence d'un des membres de la commission.—*Bourgon c. la ville de Besançon,* 20 avril 1842.

36. Le propriétaire exproprié, qui a adressé ses réclamations dans la huitaine, serait non-recevable à se plaindre de ce que le dépôt n'aurait pas duré huit jours.—*Gaullieur l'Hardy c. Boyer Fonfrède* 6 janvier 1836.

III. *Exception en ce qui concerne l'expropriation demandée par une commune et dans un intérêt purement communal, et les travaux d'ouverture ou de redressement des chemins vicinaux.*

Art. 12. « Les dispositions des articles 8, 9 et 10 ne sont point applicables au cas où l'expropriation serait demandée par une commune, et dans un intérêt purement communal, non plus qu'aux travaux d'ouverture ou de redressement des chemins vicinaux. Dans ce cas, le procès-verbal prescrit par l'article 7 est transmis, avec l'avis du conseil municipal, par le maire au sous-préfet, qui l'adresse au préfet avec ses observations. Le préfet, en conseil de préfecture, sur le vu de ce procès-verbal, et sauf l'approbation de l'administration supérieure, prononce comme il est dit en l'article précédent. »

37. L'expropriation nécessitée par des travaux d'ouverture ou de redressement des chemins vicinaux est soumise aux formes générales d'expropriation.—*Préfet de l'Orne c. Charencey. — Préfet des Vosges c. Aptel et Demangeon*, 21 août 1838. — *Saint-Phalle c. le préfet de Seine-et-Marne*, 25 mars 1839. — *Préfet de la Haute-Saône c. Dépoire*, 9 juillet 1839. — *Laroche c. le préfet de la Nièvre*, 24 juin 1844.

38. Ainsi, l'expropriation ne peut être prononcée qu'après que l'exproprié a été mis en demeure de fournir ses contredits selon les règles exprimées au titre II, et que, suivant l'article 14 du titre III, la production a été faite au tribunal constatant l'accomplissement des formalités prescrites. — *Saint-Phalle, arrêt cité*.

39. Il faut, à peine de nullité, que le conseil municipal donne son avis sur le vu du procès-verbal prescrit par l'article 7 et destiné à recevoir les déclarations et réclamations des parties.—*Soulbien et autres c. la commune de Cintray*, 4 avril 1843. — *Verdière c. le préfet du Nord*, 4 juillet 1843. — *Reulos et Lemartre c. la commune de Marcé*, 21 août 1843. — *Desplats c. le préfet du Tarn*, 30 avril 1845.

40. Cet avis, ne doit, à peine de nullité, être donné qu'après l'expiration des huit jours pendant lesquels le procès-verbal doit rester ouvert. — *Dupontavice c. le préfet du Calvados*, 14 décembre 1842.

41. Une expropriation peut être poursuivie dans l'intérêt d'une commune, en vertu d'un arrêté du préfet, quoique non encore approuvé par l'administration supérieure. Il suffit, pour la validité des procédures, que cette approbation soit antérieure au jugement qui ordonne l'expropriation ; la loi ne déterminant point le délai dans lequel cette appro-

bation doit intervenir.—*Desbrosses c. la ville de la Rochelle,*
11 août 1841.

42. Mais il n'y a pas pas lieu de prononcer l'expropriation en vertu de l'arrêté préfectoral qui n'est pas revêtu de
cette approbation, quand l'avis du conseil municipal ne
contient point une adhésion au tracé proposé pour les travaux d'ouverture d'un chemin vicinal.—*Le préfet de l'Ain
c. Seigne-Martin,* 31 mars 1845.—*Desplats c. le préfet du
Tarn,* 30 avril 1845.

43. Sans qu'il soit besoin d'examiner si l'arrêté du préfet, qui ordonne l'ouverture ou le redressement d'un chemin vicinal, est susceptible d'être réformé par l'autorité administrative supérieure, le recours dirigé contre cet acte
de l'autorité du préfet ne serait point suspensif de sa nature.—*Procureur du roi de Draguignan c. Perreymond,*
27 mars 1839.

44. L'article 12 qui veut que l'arrêté du préfet indiquant
les propriétés à exproprier soit rendu en conseil de préfecture, s'applique aux travaux d'ouverture ou de redressement des chemins vicinaux de grande communication,
comme à ceux des chemins vicinaux ordinaires.—*Mauduit
c. le préfet du Finistère,* 22 mai 1843.

45. Quand le classement et la direction d'un chemin vicinal de grande communication ont été arrêtés par délibération du conseil général, les tribunaux ont bien le devoir
de vérifier si la délibération est intervenue dans les cas
où elle est nécessaire et si elle a été prise compétemment,
mais ils n'ont pas mission de juger cette délibération, soit
quant au fond, soit quant à l'accomplissement des formalités en vertu desquelles le conseil général a dû procéder.
Il en est de ce cas comme de ceux où l'expropriation ne peut
être prononcée que pour des travaux autorisés par une loi
ou par une ordonnance royale, cas dans lesquels les tri-

bunaux sont, il est vrai, en vertu de l'article 2 de la loi du 3 mai 1841, juges des questions de savoir si, en droit, une loi ou une ordonnance devait intervenir, et si, en fait, elle est intervenue, mais ne sont pas appelés à juger la régularité ni la justice de la loi ou du décret.—*Mauduit c. le préfet du Finistère*, 7 janvier 1845. — *Préfet de l'Ain c. Passerat de la Chapelle*, 22 janvier 1845.

46. Les tribunaux n'ont pas non plus mission de juger les arrêtés de préfet en tant qu'ils fixent, dans la sphère des attributions conférées aux préfets par l'article 7 de la loi du 21 mai 1836, la largeur des chemins.—*Même arrêt Passerat*.

47. Cet article 12, qui dispense de la formation d'une commission spéciale pour entendre les propriétaires expropriés, les expropriations demandées par une commune et dans un intérêt purement communal, ne s'applique pas au cas où les terrains à exproprier dans l'intérêt d'une commune sont situés sur le territoire d'une autre commune, qui s'oppose à l'expropriation.—*La ville de Paris c. la Commune des Batignolles*, 13 mars 1848.

48. Observations. — Par ces mots : « *Sauf l'approbation de l'administration supérieure* » on n'a nullement voulu déroger à la loi spéciale sur les chemins vicinaux et ces mots ne peuvent s'entendre que de l'approbation de l'administration supérieure dans les cas prévus par les lois et réglements.—(*Voir les discussions devant les chambres*).

Lorsque la loi dit : *Le préfet, en conseil de préfecture*, on sait qu'il ne faut pas confondre le conseil de préfecture présidé par le préfet avec le préfet en conseil de préfecture ; le préfet, en conseil de préfecture, décide seul ; les conseillers de préfecture ne l'assistent que pour lui communiquer leurs avis, et n'ont point voix délibérative.

TITRE III.

De l'expropriation et de ses suites quant aux priviléges, hypothèques et autres droits réels.

I. DU DROIT DE TRAITER A L'AMIABLE AVEC L'ADMINISTRA-
TION.

II. DU JUGEMENT QUI PRONONCE L'EXPROPRIATION.

III. DES SUITES DE L'EXPROPRIATION QUANT AUX PRIVILÉGES,
HYPOTHÈQUES ET AUTRES DROITS RÉELS.

IV. MOYEN D'ATTAQUER LE JUGEMENT QUI PRONONCE L'EX-
PROPRIATION.—RÈGLES A SUIVRE A CET ÉGARD.

I.—*Du droit de traiter à l'amiable avec l'administration.*

Art. 15. « Si des biens de mineurs, d'interdits, d'absents, ou autres incapables, sont compris dans les plans déposés en vertu de l'article 5, ou dans les modifications admises par l'administration supérieure aux termes de l'article 11 de la présente loi, les tuteurs, ceux qui ont été envoyés en possession provisoire, et tous représentants des incapables peuvent, après autorisation du tribunal, donnée sur simple requête, en la chambre du conseil, le ministère public entendu, consentir amiablement à l'aliénation desdits biens.

« Le tribunal ordonne les mesures de conservation ou de remploi qu'il juge nécessaires

« Les dispositions sont applicables aux immeubles dotaux et aux majorats.

« Les préfets pourront, dans le même cas, aliéner les biens des départements, s'ils y sont autorisés par délibération du conseil général; les maires ou administrateurs pourront aliéner les biens des communes ou établissements publics, s'ils y sont autorisés par délibération du conseil municipal ou du conseil d'administration, approuvée par le préfet en conseil de préfecture.

« Le ministre des finances peut consentir à l'aliénation des biens de l'Etat, ou de ceux qui font partie de la dotation de la couronne, sur la proposition de l'intendant de la liste civile. »

49. M. Dufaure, rapporteur, a dit : « Lorsque le plan des propriétés dont la cession est nécessaire, a été définitivement arrêté, le pouvoir judiciaire est appelé à prononcer l'expropriation contre ceux des propriétaires avec lesquels il n'a pas été possible de traiter à l'amiable. C'est l'objet du titre III; mais une lacune existait dans la loi de 1833, elle n'avait pas prévu les formes suivant lesquelles il serait permis de traiter à l'amiable pour les biens des mineurs et autres incapables. Elle donnait à leurs représentants le droit de convenir du prix après l'expropriation prononcée; elle ne leur permettait pas de consentir à l'expropriation. Pourquoi, dès que l'aliénation est forcée, ne pas leur permettre d'y souscrire par un acte volontaire, sauf les précautions propres à garantir les droits des incapables? Tel est le but d'une série de dispositions que nous avons ajoutées à l'article 13, et qui déterminent dans quelles formes les biens

de mineurs, d'interdits, d'absents ou autres incapables, les immeubles dotaux, les biens des départements, des communes ou établissements publics, ceux de l'État et ceux qui font partie de la dotation de la couronne, pourront devenir l'objet de traités amiables. Nous appliquons aussi à l'aliénation même de l'immeuble la disposition que la loi de 1833 n'appliquait qu'au réglement des prix. »

L'intention de la loi se trouve très-clairement exprimée par ce passage du rapport. Mais les termes mêmes de la disposition et la discussion dont ils ont été l'objet peuvent laisser beaucoup de doute sur l'étendue qu'il convient de leur accorder, et sur l'application qui peut en être faite à certaines personnes.

Quelques observations propres à prévenir les doutes à cet égard sont nécessaires.

Et, d'abord, l'article a pour but de permettre une aliénation volontaire de biens immeubles sans l'accomplissement de toutes les formalités, qui sont ordinairement exigées pour ces sortes d'actes, au cas d'incapacité des propriétaires : il organise une procédure plus simple et d'une exécution plus facile. Il devra donc rester sans application lorsque l'aliénation, suivant le droit commun, pourra avoir lieu encore plus simplement. Cette première réflexion pourra servir à la solution de beaucoup de difficultés.

Maintenant voyons 1° quelle est l'étendue des termes de l'article 13 en ce qui concerne les mineurs, les interdits, les absents, en un mot tous ceux qui y sont formellement désignés ;

2° A quelles personnes on appliquera cette locution *ou autres incapables*.

1° Quelle est l'étendue des termes de l'article 13 en ce qui concerne les mineurs, les interdits, les absents ; en un mot tous ceux qui y sont formellement désignés ?

5

Les mineurs : le consentement seul des tuteurs, moyennant l'autorisation du tribunal, remplacera les formalités nombreuses et compliquées ordinairement nécessaires pour arriver à l'aliénation de leurs biens.

Il en sera de même *du mineur émancipé* : ce sera lui-même, assisté de son curateur, qui devra présenter la requête et provoquer l'autorisation.

Le père, simple administrateur des biens personnels de ses enfants mineurs pendant le mariage, devra demander l'autorisation du tribunal.

Les interdits sont assimilés aux mineurs par le droit commun : pas de difficulté.

Les absents : Les envoyés en possession provisoire pourront aliéner les biens avec l'autorisation du tribunal.

La même faculté est nécessairement attribuée à l'époux commun en biens qui, en optant pour la continuation de la communauté, aura empêché l'envoi en possession provisoire.

Enfin, toute autorisation cessera d'être utile, lorsque l'envoi en possession définitif aura été prononcé.

2° A quelles personnes appliquera-t-on la locution *ou autres incapables* ?

1° *Aux femmes mariées :* Pour ses biens immeubles personnels *non dotaux*, la femme pourra seule, sans le consentement du mari, opérer incessamment l'aliénation, en s'adressant aux tribunaux : cette faculté résulte pour elle de la combinaison du présent article avec l'article 219 du Code civil.

Mais si le mari avait la jouissance des biens de la femme, le consentement du mari serait absolument indispensable ; et s'il le refusait ; malgré l'acquiescement de la femme, il faudrait remplir toutes les formalités prescrites pour les cas où un ayant-droit résiste à l'expropriation.

Pour les biens *dotaux*, il y a texte. Toutefois, il ne suffirait pas que le mari seul provoquât l'autorisation du tribunal : le mari et la femme devront tous deux la demander. L'autorisation dont parle l'article 13 ne remplace que les formalités à l'aide desquelles il est possible, selon les règles ordinaires, de parvenir à l'aliénation des biens dotaux : elle ne peut suppléer au consentement de la femme ; le mari doit également consentir, car il a la jouissance des biens dotaux. Sans cela, il faudrait, comme nous l'avons déjà dit plus haut, remplir toutes les formalités prescrites pour les cas où un ayant-droit résiste à l'expropriation.

Nous ferons observer que l'autorisation du tribunal ne serait pas nécessaire pour les biens dotaux dont l'aliénation est permise par le contrat de mariage.

2° *Aux personnes pourvues d'un conseil judiciaire* : Le conseil seul n'aurait pas le droit de provoquer l'autorisation et de consentir ensuite à l'aliénation. Il ne représente pas, il ne fait qu'assister celui confié à sa surveillance : la volonté de chacun doit concourir pour dispenser de l'emploi des formalités ordinaires de l'expropriation.

3° *Aux aliénés et à leurs représentants légaux*, par argument de l'article 33 de la loi du 30 juin 1838.—Le cas que prévoit cette loi, celui d'un procès intenté à l'aliéné, n'a pas plus le caractère d'urgence que le cas d'une expropriation pour cause d'utilité publique. D'ailleurs, la loi de 1838 permet de nommer l'administrateur provisoire mandataire spécial, et le tribunal, donnant à l'administrateur le pouvoir de consentir à l'aliénation, fera l'équivalent de ce qu'il eût fait en le nommant mandataire spécial ;

4° *Au curateur à une succession vacante et à l'héritier bénéficiaire*, qui, sans être des incapables, ne sont cependant que des administrateurs dont les pouvoirs ont, du moins en ce qui concerne l'aliénation des immeubles, une grande analogie avec ceux des tuteurs ;

5° **La vente** s'appliquerait aussi aux biens d'un débiteur qui a fait cession, ou d'un failli.

Ces points de doctrine ressortissent des principes généraux du droit, et, lors de la discussion dans les chambres, il n'a été fait, sur ce paragraphe, aucune observation qui soit de nature à les modifier ou à les confirmer.

Nous rappellerons seulement que M. Couturier avait proposé d'exiger que les conseils de famille des mineurs ou des interdits fussent consultés ; mais on a pensé que l'intervention du tribunal donnait une garantie suffisante.

Nous terminerons en faisant remarquer 1° que la disposition relative aux majorats s'appliquera aux biens frappés de substitution aux termes des articles 1048 et suivants du Code Napoléon et de la loi du 17 mai 1826 : seulement il sera convenable de faire intervenir le tuteur à la substitution ;

2° Que la délibération du conseil général est affranchie ici de l'approbation supérieure du ministre de l'intérieur. (*Séance du 2 mars 1841*).

50. Jugé qu'il n'y a nécessité d'autorisation expresse de justice, en cas d'expropriation d'une propriété appartenant à un incapable, que lorsque l'expropriation est consommée amiablement, mais non lorsque l'expropriation a lieu judiciairement et avec l'intervention du jury.—*Préfet des Bouches-du-Rhône c. hospice de Vitrolles*, 16 février 1846.

II.—*Du jugement qui prononce l'expropriation.*

§ 1. Quand le jugement, qui prononce l'expropriation, est-il ou non nécessaire ?

§ 2. Dans quel délai et dans quelles formes le jugement, qui prononce l'expropriation, doit-il être rendu? Que doit-il contenir?

§ 3. De la publicité qui doit être donnée au jugement qui prononce l'expropriation.

§ 1er Quand le jugement qui prononce l'expropriation est-il ou non
nécessaire?

Art. 13. Dernier alinéa : « A défaut de conventions amiables , soit avec les propriétaires des
terrains ou bâtiments dont la cession est reconnue nécessaire, soit avec ceux qui les représentent, le préfet transmet au procureur du roi,
dans le ressort duquel les biens sont situés la loi
ou l'ordonnance qui autorise l'exécution des tra
vaux et l'arrêté mentionné en l'article 11. »

Art. 14, dernier alinéa : « Dans le cas où les propriétaires à exproprier consentiraient à la cession ,
mais où il n'y aurait point accord sur le prix, le
tribunal donnera acte du consentement, et désignera le magistrat directeur du jury, sans qu'il
soit besoin de rendre le jugement d'expropriation, ni de s'assurer que les formalités prescrites
par le titre II ont été remplies. »

51. Les faits de prise de possession ne suffisent pas pour
prouver l'existence préalable des conventions amiables entre
l'exproprié et l'administration.— *Jayle c. préfet de Tarn-et-*
Garonne, 31 juillet 1843.

52. L'existence de ces conventions ne résulte pas non
plus de simples bordereaux signés seulement de l'exproprié, même enregistrés, par lesquels il déclare accepter
l'évaluation faite par l'ingénieur de l'arrondissement, alors

qu'il appert de ces bordereaux qu'ils lui ont été renvoyés par l'ingénieur en chef, parce que l'autorité supérieure n'a pas approuvé. Il est impossible de considérer de telles pièces comme constatant qu'une convention aurait été passée par un agent ayant pouvoir d'engager l'administration. — *Même arrêt.*

§ 2. Dans quel délai et dans quelles formes le jugement qui prononce l'expropriation doit-il être rendu ? Que doit-il contenir ?

Art. 14. Alinéas 1er, 2e, 3e, 4e. Dans les trois jours, et sur la production des pièces constatant que les formalités prescrites par l'article 2 du titre 1er et par le titre II de la présente loi, ont été remplies, le procureur du roi requiert et le tribunal prononce l'expropriation, pour cause d'utilité publique, des terrains ou bâtiments indiqués dans l'arrêté du préfet.

« Si, dans l'année de l'arrêté du préfet, l'administration n'a pas poursuivi l'expropriation, tout propriétaire dont les terrains sont compris audit arrêté, peut présenter requête au tribunal. Cette requête sera communiquée par le procureur du roi au préfet qui devra, dans le plus bref délai, envoyer les pièces, et le tribunal statuera dans les trois jours.

« Le même jugement commet un des membres du tribunal pour remplir les fonctions attribuées par le titre IV, chapitre ii, au magistrat directeur du jury chargé de fixer l'indemnité et dé-

signe un autre membre pour le remplacer au besoin.

« En cas d'absence ou d'empêchement de ces deux
magistrats, il sera pourvu à leur remplacement
par une ordonnance sur requête du président du
tribunal civil. »

53. La loi n'a imposé ni au préfet, ni au procureur de la
République, le devoir d'appeler devant le tribunal le pro-
priétaire contre lequel on poursuit l'expropriation. — *De
Montmorency c. commune de Fontaine-Ledun*, 9 juin 1834.
—*Senez c. préfet maritime de Toulon*, 22 décembre 1834.
— *Gaullieur l'Hardy c. Boyer-Fonfrède*, 6 janvier 1836.

Dans ce dernier arrêt, *la Cour a dit* : « La loi a pourvu,
dans l'intérêt du propriétaire exproprié et suivant la mesure qu'elle a jugée convenable, à ce que réclamait le droit
naturel de la défense, par le recours en cassation qu'elle
lui a réservé dans les trois cas d'incompétence, d'excès de
pouvoir et de vices de forme dans le jugement. D'ailleurs,
elle ne lui interdit pas la faculté d'éclairer le tribunal sur
l'affaire qui lui est déférée. Mais, la procédure ne devient
judiciairement contradictoire, qu'au moment de la notification du jugement. »

54. Le procureur de la République a qualité pour requérir l'expropriation, qu'elle soit prononcée dans un intérêt
communal ou dans l'intérêt de l'Etat : la loi ne fait aucune
distinction.—*Desbrosses c. ville de la Rochelle*, 11 août
1841

55. Le jugement doit, à peine de nullité, porter avec lui
la justification de sa légalité, par le visa, ou du moins
l'énonciation des pièces constatant l'accomplissement des
formalités prescrites : la simple déclaration de l'accomplis-

sement de ces formalités ne suffirait pas.—*Dumarest c. Millet et Henry*, 1er juillet 1834.—*Houzet c. préfet du Nord*, 2 février 1836.

56. Spécialement, est nul le jugement qui ne vise pas l'acte déclaratif de l'utilité de l'expropriation.—*Duponta-vice c. préfet du Calvados*, 2 janvier 1844.

57. Est également nul et sujet à cassation le jugement qui a prononcé l'expropriation, en se fondant sur le prétendu consentement du propriétaire, sans constater aucunement ce consentement et sans constater davantage l'accomplissement des formalités ordonnées par les chapitres 1er et II, lesquelles, à défaut de consentement du propriétaire, sont indispensables pour l'expropriation.—*Buffault c. préfet de la Seine*, 29 janvier 1850.

58. Le tribunal, ne pouvant prononcer l'expropriation que sur la production des pièces constatant que les formalités prescrites par le titre II ont été remplies, a le droit d'examiner ces pièces.—*Le préfet de Seine-et-Oise c. Finet*, 30 décembre 1839.

59. Spécialement, le jugement d'expropriation en matière de chemin de grande communication est nul, s'il n'en résulte pas que le tribunal s'est assuré que les terrains dont on demande l'expropriation étaient atteints par le tracé légalement assigné à ce chemin. C'est pourquoi, la délibération du conseil général déterminant la direction du chemin doit être visée par le jugement. — *De Coniac c. préfet des Côtes-du-Nord*, 4 août 1841.

Dans l'espèce, l'omission était d'autant plus grave que le demandeur en cassation, dans un dire, antérieurement au jugement d'expropriation et pendant le délai imparti aux propriétaires pour fournir leurs observations, avait formellement reproché au tracé adopté par le préfet de modifier indûment la direction déterminée par le conseil général, puisque les attributions conférées au préfet par l'article 7 de la loi du 21 mai 1836 ne l'investissent pas du droit de changer cette direction.

60. Mais, c'est au gouvernement qu'il appartient de vérifier l'accomplissement de la condition imposée au concessionnaire de ne pouvoir exproprier ni commencer les travaux qu'après avoir justifié valablement de la constitution des fonds nécessaires à l'entière exécution des travaux. Après cette constatation, l'autorité judiciaire serait totalement incompétente pour se livrer à des investigations à ce sujet.— *Gaullieur l'Hardy c. Boyer-Fonfrède*, 6 janvier 1836.

61. Un tribunal ne peut prononcer l'expropriation que des terrains nécessaires à l'exécution des travaux compris dans la déclaration d'utilité publique dont elle doit être précédée. *Préfet du Puy-de-Dôme*, 21 novembre 1836.

62. Le jugement qui prononce l'expropriation doit, à peine de nullité, contenir les noms des propriétaires expropriés. L'article 15, exigeant que l'extrait du jugement contienne les noms des propriétaires, exige par cela même que ces noms soient contenus au jugement dont cet extrait doit être tiré.—*Houzet c. préfet du Nord*, 2 février 1836;—*De Coniac c. préfet des Côtes-du-Nord*, 4 août 1841.

63. OBSERVATIONS. Le mot *terrain* s'entend des terrains bâtis ou non bâtis.

La faculté accordée aux propriétaires par le deuxième alinéa a pour but de faire cesser le plus promptement possible l'interdit qui pèse sur les propriétés.

§ 3. De la publicité qui doit être donnée au jugement qui prononce l'expropriation.

Art. 15. « Le jugement est publié et affiché, par extrait, dans la commune de la situation des biens, de la manière indiquée en l'article 6 ; il est en outre inséré dans l'un des journaux publiés dans l'arrondissement, ou s'il n'en existe aucun, dans l'un de ceux du département.

« Cet extrait, contenant les noms des propriétaires, les motifs et le dispositif du jugement, leur est notifié au domicile qu'ils auront élu dans l'arrondissement de la situation des biens, par une déclaration faite à la mairie de la commune où les biens sont situés, et dans le cas où cette élection de domicile n'aurait pas eu lieu, la notification de l'extrait sera faite en double copie au maire et au fermier, locataire, gardien ou régisseur de la propriété.

« Toutes les autres notifications prescrites par la présente loi seront faites dans la forme ci-dessus indiquée. »

Art. 16. « Le jugement sera, immédiatement après l'accomplissement des formalités prescrites par l'article 15 de la présente loi, transcrit au bureau de la conservation des hypothèques de l'arrondissement, conformément à l'article 2181 du Code civil. »

Art. 19. 1er alinéa. « Les règles posées dans le premier paragraphe de l'article 15 et dans l'article 16 sont applicables dans le cas de conventions amiables passées entre l'administration et les propriétaires.

64. La notification, en double copie, au maire et au fermier, locataire, gardien ou régisseur de la propriété, de l'extrait du jugement d'expropriation, requise, lorsqu'il n'y a pas eu élection de domicile dans l'arrondissement de la situation des biens, est prescrite à peine de nullité.—*Henry c, préfet de la Lozère*, 25 mai 1846.

65. La notification du jugement rendu contre la compagnie qui exploite un canal, est régulièrement faite à l'éclusier de ce canal, lorsqu'il est, dans la commune, le seul agent de la compagnie chargé de la garde de la propriété expropriée.—*Compagnie du canal du Midi*, 26 août 1850.

66 L'omission dans la signification de l'extrait du jugement faite à l'exproprié, requête du préfet, des visas réellement contenus dans le jugement, ne peut pas être invoquée contre le jugement lui-même, comme une cause de nullité.—*Jayle c. préfet de Tarn-et-Garonne*, 31 juillet 1843.

67. La déclaration mise par le maire au bas de l'extrait du jugement ne peut pas suppléer à la production de la notification exigée par la loi.—*Dumarest c. Millet et Henry*, 28 janvier 1834.

68. Les conservateurs des hypothèques ne sont pas autorisés, lors de la transcription du jugement d'expropriation voulue par l'article 16, à faire l'inscription d'office pour conserver le privilége du propriétaire exproprié.—*Le conservateur des hypothèques de Corbeil c. Chemin de fer de Corbeil*, 13 janvier 1847.

69. OBSERVATIONS. La publicité dont il s'agit est requise aussi bien pour le jugement, qui, conformément au dernier alinéa de l'article 14, donne acte aux propriétaires de leur consentement, que pour le jugement qui prononce l'expropriation. Dans un cas comme dans l'autre, il faut que les

parties intéressées connaissent le nom du magistrat directeur du jury auquel elles devront s'adresser.

Le mot *jugement* de l'article 16 embrasse les deux jugements qui, aux termes de l'article 14, peuvent intervenir.

Dans le cas de l'un et de l'autre des jugements possibles aux termes de l'article 14, la purge est *obligatoire*.

Il est bien entendu qu'il ne s'agit, dans l'art. 19, 1er alinéa, que des conventions amiables passées après la déclaration d'utilité publique.

III. *Des suites de l'expropriation quant aux priviléges,
hypothèques et autres droits réels.*

§ 1er De la formalité de l'inscription des priviléges et des hypothèques.
§ 2. Des droits des créanciers.

§ 1er. De la formalité de l'inscription des priviléges et des hypothèques.

Art. 17, alinéas 1 et 2 : « Dans la quinzaine de la transcription, les priviléges et les hypothèques conventionnelles, judicaires ou légales, seront inscrits.

« A défaut d'inscription dans ce délai, l'immeuble exproprié sera affranchi de tous priviléges et hypothèques, de quelque nature qu'ils soient, sans préjudice des droits des femmes, mineurs, et interdits, sur le montant de l'indemnité, tant qu'elle n'a pas été payée ou que l'ordre n'a pas été réglé définitivement entre les créanciers. »

70. La disposition finale du deuxième alinéa de l'article 17, à partir de ces mots *sans préjudice*, est un bienfait de

la loi. Si, d'un côté, le législateur a réduit à quinze jours le délai de deux mois accordé par l'article 2195 du Code Napoléon aux femmes, mineurs et interdits pour inscrire ; d'un autre côté, l'article 17 crée en leur faveur un droit exceptionnel certain, que ne saurait affaiblir la controverse qui divise encore la Cour de cassation et les cours royales dans les cas ordinaires.

§ 2. Des droits des créanciers.

Art. 17, dernier alinéa : « Les créanciers inscrits n'auront, dans aucun cas, la faculté de surenchérir, mais ils pourront exiger que l'indemnité soit fixée conformément au titre IV.

Art. 18 : Les actions en résolution, en revendication, et toutes autres actions réelles, ne pourront arrêter l'expropriation ni en empêcher l'effet. Le droit des réclamants sera transporté sur le prix, et l'immeuble en demeurera affranchi. »

71. Dans cette matière, la loi spéciale devait déroger nécessairement au droit commun.

La surenchère a pour objet de faire passer l'immeuble surenchéri des mains d'un premier acquéreur dans celles d'un second, moyennant un prix plus élevé. Mais, dans les expropriations pour cause d'utilité publique, l'acquéreur, c'est le gouvernement ; il fallait que l'immeuble lui restât. L'admission de la surenchère aurait été contraire au but de la loi : *qui veut la fin veut les moyens.*

72. Il résulte de l'article 18 que non-seulement les locataires, fermiers, usagers, usufruitiers et autres ayants-droit, pourront intervenir dans la fixation de l'indemnité

due au propriétaire, mais qu'ils pourront, en outre, demander;en leur nom, une indemnité spéciale, distincte, s'ils éprouvent quelque préjudice particulier. Ce sera le jury qui fixera ces indemnités.

73. Mais l'intervention devant le jury, à l'effet de prendre part aux débats sur la quotité de l'indemnité, dans la prévision du cas où le demandeur en intervention, qui ne produit aucun titre, parviendrait plus tard à se faire attribuer la propriété de tout ou partie des immeubles expropriés, doit être rejetée. Il suffit, dans ce cas, que les droits du demandeur soient réservés sur le prix. — *Thomas Varennes c. Préfet de la Seine*, 4 juin 1845.

74. Nous ferons observer : 1° que les règles posées dans les articles 17 et 18 sont applicables dans le cas de conventions amiables passées entre l'administration et les propriétaires. (*Art.* 19, 1er *alinéa*).

2° Que l'administration peut, sauf les droits des tiers, et sans accomplir les formalités ci-dessus tracées, payer le prix des acquisitions dont la valeur ne s'éleverait pas au-dessus de cinq cents francs. (*Art.* 19, 2e *alinéa*).

3° Que le défaut d'accomplissement des formalités de la purge des hypothèques n'empêche pas l'expropriation d'avoir son cours; sauf. pour les parties intéressées, à faire valoir leurs droits ultérieurement, dans les formes déterminées par le titre ci-après (*Art* 19, *dernier alinéa*).

75. Il a été jugé que la partie non comprise dans l'expropriation, mais que le propriétaire n'a pas voulu conserver, en vertu de l'article 50, ne peut être possédée par l'État et ses ayants-droit qu'au même titre et avec les mêmes charges que par le propriétaire vendeur. Ainsi, la portion de la propriété, qui n'était pas nécessaire aux travaux entrepris, reste soumise au droit commun et grevée, comme dans

l'espèce, des servitudes préexistantes. — *Le préfet de la Seine c. Pignard et autres*, 14 juillet 1847.

IV. *Moyen d'attaquer le jugement qui prononce l'expropriation.—Règles à suivre à cet égard.*

§ 1. Par quelle voie, pour quelles causes et par quelles personnes le jugement qui prononce l'expropriation peut-il être attaqué ?

§ 2. Où, dans quel délai et dans quelle forme le pourvoi doit-il être formé ?

§ 3. Formalités du pourvoi.

§ 4. Suites du pourvoi.

§ 1er. Par quelle voie, pour quelles causes et par quelles personnes le jugement qui prononce l'expropriation peut-il être attaqué ?

Art. 20, 1er alinéa. « Le jugement ne pourra être attaqué que par la voie du recours en cassation, et seulement pour incompétence, excès de pouvoir ou vices du forme de jugement.

76. L'article 20 ne s'applique taxativement qu'au jugement qui, aux termes de l'article 14, prononce l'expropriation ; les décisions postérieures, qui peuvent être rendues par les tribunaux de première instance, par suite des contestations survenues entre les parties, quoique se rattachant à l'instance en fixation de l'indemnité, ne sauraient être considérées comme rendues en dernier ressort, puisqu'elles ne sont pas comprises dans la disposition restrictive de cet article. Ainsi, aux termes du droit commun, elles doivent demeurer soumises aux règles générales des deux degrés de juridiction. — *Ville de Toulouse c. Cassaing*, 31 août 1837.

77. Le jugement qui, après une expropriation consentie

et exécutée, se borne à nommer un magistrat directeur du jury chargé de déterminer les indemnités n'est pas susceptible du recours en cassation. - *Préfet de l'Hérault c. Jancen et autres,* 6 février 1844.

78. Tout jugement, qui prononcerait une expropriation, sans que les formalités préalables prescrites par la loi eussent été accomplies, dégénérerait nécessairement en excès de pouvoir. — *Gaullieur l'Hardy c. Boyer-Fonfrède,* 6 janvier 1836.

79. L'erreur d'un jugement sur la contenance du terrain dont l'expropriation est poursuivie peut dégénérer en excès de pouvoir et constituer une violation de la loi. — *Jayle c. préfet de Tarn-et-Garonne,* 14 mars 1842.

Dans l'espèce le jugement attaqué ordonnait l'expropriation de 105 hectares, 47 ares, 71 centiares, lorsqu'il résultait de toutes les pièces de la procédure que l'expropriation demandée n'était que de 10,547 mètres, 71 centimètres.

80. Le jugement qui ordonne la dépossession immédiate, sauf indemnité ultérieure et avant que le jury ait prononcé sur l'indemnité dont le montant n'a pas été réglé par les parties, viole l'article 53 et de plus commet un excès de pouvoir. — *Dumarest c. Millet et Henry,* 28 janvier 1834.

Il résulte d'abord du titre 1er de la loi, *porte l'arrêt,* que, si c'est à l'autorité administrative qu'il appartient de déterminer les propriétés particulières auxquelles l'expropriation est applicable, cette expropriation ne peut être prononcée que par l'autorité judiciaire. Il résulte ensuite de l'article 53, lequel est conforme à l'article 545 du Code civil et à l'article 9 de la charte; que l'indemnité, ou amiablement convenue, ou réglée par le jury, doit être, préalablement à la prise de possession, acquittée entre les mains des ayants-droit.

81. Mais le jugement n'est pas nul par cela que, par une locution inexacte, le tribunal a prononcé l'envoi en possession de l'immeuble exproprié, lorsqu'il ne devait que prononcer l'expropriation ; alors surtout que cet envoi en possession n'est prononcé qu'à la charge d'acquitter, préalablement à toute prise de possession et entre les mains de l'exproprié, l'indemnité qui sera réglée par le jury.—*Entre les mêmes parties*, 11 mai 1835.

82. Le jugement, qui prononce l'expropriation, ne peut être annulé par cela seul qu'il a visé collectivement et en masse les pièces produites pour constater que toutes les formalités ont été remplies.—*Même arrêt*.

83. Quand même la cession des terrains aurait été consentie et qu'il n'y aurait désaccord entre les parties que sur la fixation du prix, cette circonstance, qui aurait pu, aux termes de l'article 14, dispenser l'administration de faire prononcer l'expropriation par jugement, n'est pas à elle seule suffisante pour autoriser le propriétaire à se pourvoir en cassation, lorsqu'il ne prouve pas que le jugement lui ait occasionné un préjudice quelconque. — *Jayle c. préfet de Tarn-et-Garonne*, 31 juillet 1843.

84. Le procureur de la république est sans qualité pour se pourvoir en cassation (fût-ce seulement dans i'intérêt de la loi) contre les jugements rendus en matière d'expropriation pour cause d'utilité publique poursuivie au nom de l'État : le préfet seul est investi du droit d'agir en cette matière. — *Le procureur du roi de Calvie c. Piccioni et autres*, 13 décembre 1843.

85. La femme est non recevable à se pourvoir contre le jugement d'expropriation de ses biens rendu contre son mari, agissant en son nom personnel et non comme représentant sa femme et exerçant ses droits.—*Ruet-Lamotte c. préfet de l'Allier*, 12 août 1844.

Attendu en droit, *a dit la Cour*, que le jugement, qui prononce une expropriation, ne peut être attaqué par le pourvoi en cassation pour une des causes admises par l'article 20, que par ceux entre lesquels il a été rendu.

86. La ville ou commune dans l'intérêt de laquelle a lieu une expropriation, et à la charge de laquelle est mis le paiement des indemnités, est non recevable à intervenir sur le pourvoi en cassation, tant que le préfet est en cause. — *Houzet c. le préfet du Nord et ville de Roubaix*, 18 janvier 1837.

Une pareille intervention, *porte l'arrêt*, n'aurait d'autre effet que d'introduire une partie de plus au procès, dont la présence dans la cause ne saurait être que parasite et conséquemment frustratoire.

§ 2. Où, dans quel délai et dans quelle forme le pourvoi doit-il être formé?

Art. 20, 2ᵉ alinéa : « Le pourvoi aura lieu, au plus tard, dans les trois jours, à dater de la notification du jugement, par déclaration au greffe du tribunal. »

87. Le délai de trois jours ne commence à courir que du jour de la notification complète du jugement qui prononce l'expropriation, et cette notification n'est complète qu'autant que, conformément à l'article 15, le jugement a été affiché, publié et inséré dans l'un des journaux de l'arrondissement *ou* du chef-lieu du département. — *Dumarest c. Millet et Henry*, 28 janvier *et* 1ᵉʳ juillet 1834.

88. Les dispositions de l'article 15, complètes par elles-mêmes, sont exclusives de toute addition de délai à raison de la distance du domicile du fermier, locataire, gardien ou

régisseur de la propriété au domicile du propriétaire. —
Comp. du canal du Midi, 26 août 1850.

89. Le pourvoi peut être formé avant la notification du
jugement. La loi ne prescrit aucun sursis à l'exercice de ce
droit, comme dans l'article 449 du Code de la procédure
civile, et l'anticipation du délai rentre même dans le vœu de
la loi dont une des principales vues a été l'accélération de la
procédure. — *Gaullieur l'Hardy c. Boyer-Fonfrède*, 6
janvier 1836.

90. Le pourvoi est valablement formé par un mandataire
verbal dont le mandant a approuvé la conduite en poursui-
vant l'effet du pourvoi. — *Mouruan c. l'Etat*, 26 avril
1843.

91. Spécialement, le pourvoi est valablement formé par
un fils au nom de son père et comme se portant fort pour
lui, alors surtout que le père, loin de désavouer son fils,
a déclaré ratifier tout ce qu'il a fait, par un acte extra-judi-
ciaire postérieur. — *Dupontavice c. préfet du Calvados*,
14 décembre 1842.

« Attendu, *porte cet arrêt*, que l'article 417 du Code
« d'instruction criminelle n'est point applicable en matière
« civile; attendu qu'en principe général, et dans les cas où
« la loi ne dispose pas autrement, le mandat peut n'être
« que verbal et que la conséquence du mandat, lorsque son
« existence n'est déniée ni par le mandant ni par le man-
« dataire, est que le fait du mandataire devienne le fait du
« mandant. »

92. La loi, qui autorise la déclaration du pourvoi au greffe
du tribunal, qui a rendu le jugement, ne prescrit pas que
cette déclaration soit accompagnée de l'exposé des moyens
de cassation. — *Dumarest c. Millet et Henry*, 1er juillet
1834.

93. Est nul le pourvoi formé par une déclaration faite,

non au greffe du tribunal, mais au greffier mandé (dans l'espèce) à la préfecture pour la recevoir. — *Le préfet de la Charente-Inférieure c. Vivielle*, 24 juillet 1847.

§ 3. Formalités du pourvoi.

Art. 20, alinéas 5ᵉ et 4ᵉ : « Il sera (le pourvoi) notifié dans la huitaine, soit à la partie, au domicile indiqué par l'article 15, soit au préfet ou au maire, suivant la nature des travaux, le tout à peine de déchéance.

« Dans la quinzaine de la notification du pourvoi, les pièces seront adressées à la chambre civile de la cour de cassation, qui statuera dans le mois suivant. »

94. L'obligation de mettre en cause sur le pourvoi les propriétaires dont l'expropriation avait été demandée est la même, que le jugement ait prononcé l'expropriation ou qu'il ait déclaré qu'il n'y a pas lieu à la prononcer quant à présent. — *Le préfet du Cher*, 23 janvier 1846.

95. C'est dans la huitaine du pourvoi en cassation et non dans la huitaine de la signification du jugement d'expropriation que doit être notifié le pourvoi.—*Laffite et Comp. c. le préfet de la Seine*, 2 janvier 1843. — *Soulbien et autres c. commune de Cintray*, 4 avril 1843.—*Fourtanier c. le préfet de la Haute-Garonne*, 4 mars 1844.

« Attendu, *a dit la Cour de cassation*, que la huitaine
« indiquée dans l'art. 20, comme délai de la notification du
« pourvoi, doit s'entendre de la huitaine, qui s'est écoulée
« depuis que le pourvoi a été formé, sans égard à l'époque
« de la notification du jugement, et que la loi s'est attachée

« à la date du pourvoi pour déterminer celle de sa notifica-
« tion, qui en est la conséquence et le complément. » —
« *Arrêt Laffite.*

96. L'exploit fait foi jusqu'à preuve contraire de la qualité de la personne entre les mains de laquelle la notification
du pourvoi est faite. — *Dumarest c. Millet et Henry*, 28
janvier 1834.

Dans l'espèce, la copie de la notification du pourvoi avait
été remise dans le domicile élu conformément à l'art. 15 à
une personne qualifiée de commis de la partie intéressée.

97. L'expiration du délai prescrit par la loi dans lequel
une partie doit justifier sa demande ou fournir sa défense
n'emporte ni déchéance, ni forclusion. Elle donne seulement
à la partie adverse le droit de s'en prévaloir pour obtenir
jugement. — *Préfet de la Côte-d'Or c. commune de Chazilly*, 11 janvier 1836.

98. Quoique le mémoire contenant les moyens sur lesquels le pourvoi se fonde n'ait pas été signé par le préfet, qui
seul est investi des actions judiciaires, qui appartiennent à
l'administration dans cette matière, et qui a seul pour elle
qualité à l'effet d'ester en jugement, il appartient à la Cour
d'apprécier les moyens contenus dans ce mémoire, et cette
circonstance ne l'autorise pas à écarter par une fin de non-
recevoir un pourvoi légalement introduit par une partie
ayant qualité à cet effet. — *Même arrêt.*

Dans l'espèce, le mémoire avait été signé par le directeur
général des ponts et chaussées.

99. Le pourvoi doit être rejeté, lorsque des pièces produites, le jour où la chambre civile doit statuer conformément à l'article 20, il ne résulte aucune justification des
moyens de cassation. — *Préfet de la Vendée c. dame Bonne-
fond*, 9 mai 1843.

100. Le pourvoi est soumis à la consignation d'une amende

de 75 francs. — *Riant, Mignon et autres c. Compagnie du chemin de fer de Paris*, 9 janvier 1839. — *Communauté Saint-Vincent-de-Paule c. préfet de la Gironde*, 22 juillet 1839.

101. Toutefois, le pourvoi est recevable, bien qu'il n'ait pas été accompagné de la consignation de cette amende, si d'ailleurs cette consignation a été faite plus tard avant l'époque où l'affaire a été en état de recevoir arrêt. — *Dupontavice c. préfet du Calvados*, 14 décembre 1842. — *Laffite et Comp. c. préfet de la Seine*, 2 janvier 1843.

102. OBSERVATIONS. — Les mots *ou au maire, suivant la nature des travaux*, ont été ajoutés, afin que ces notifications soient faites au maire, quand il s'agira de travaux communaux.

Le pourvoi est directement porté devant la section civile, sans qu'il ait été préalablement admis par la section des requêtes.

§ 4. Suites du pourvoi.

ART. **20**, dernier alinéa; « L'arrêt, s'il est rendu par défaut, à l'expiration de ce délai, ne sera pas susceptible d'opposition. »

103. Le demandeur, dont le pourvoi est non recevable, est passible d'une amende de 75 francs envers le trésor et d'une indemnité de 37 francs 50 centimes envers la partie, aux termes des articles 5 et 25, titre IV, 1re partie du réglement du 28 juin, 1738 — *Communauté de Saint-Vincent-de-Paule c. préfet de la Gironde*, 22 juillet 1839.

104. Après cassation d'un premier jugement d'expropriation, la seconde poursuite doit être portée nécessairement devant le tribunal de renvoi. On ne peut, au moyen d'un

désistement, saisir de nouveau le tribunal qui a rendu le premier jugement. Des dispositions organiques des lois du 27 novembre 1790, art 3 et 19 et du 27 ventôse an VIII, article 87, modifiées à diverses époques, est demeurée la règle fondamentale qu'après la cassation d'un jugement en dernier ressort, le tribunal, qui l'a rendu, est dessaisi de l'affaire dont la connaissance au fond est renvoyée à un autre tribunal, et qu'il est désormais incompétent. — *De Saint-Albin c. préfet de la Seine*, 15 mai 1843.

105. Le tribunal devant lequel une affaire d'expropriation est renvoyée après cassation, n'est autorisé à statuer 1° qu'entre les parties qui avaient été en instance devant le premier tribunal et la cour de cassation ; 2° que sur le litige qui avait été porté devant le même tribunal et devant la Cour. — *Houzet c. préfet du Nord et la ville de Roubaix*, 18 janvier 1837.

106. Le tribunal auquel est renvoyée l'affaire, après cassation d'un premier jugement pour irrégularité dans l'instruction administrative, est saisi de la demande en expropriation, comme le premier tribunal l'avait été d'abord ; il lui est substitué dans toutes les attributions qui lui avaient appartenu sur le litige, et a, par là même, le droit de prononcer l'expropriation dès qu'il reconnaît que les conditions légales ont été remplies. En conséquence, le tribunal, après avoir déclaré par un premier jugement qu'il n'y avait lieu, quant à présent, à cause de l'irrégularité des nouvelles formalités remplies, de prononcer l'expropriation, doit néanmoins la prononcer ultérieurement, si ces formalités viennent plus tard à être remplies. — *La ville de Besançon c. Bourgon*, 20 juillet 1844.

107. Mais, il en serait autrement, si la nouvelle instruction changeait la base de l'expropriation et l'appliquait à d'autres objets et à d'autres parties. — *Même arrêt.*

108. Devant le tribunal saisi par suite du renvoi, les parties étant remises au même et semblable état, qu'avant le jugement, ont tout droit, soit de prendre des conclusions nouvelles, soit de produire des titres, pièces ou documents qui n'auraient pas été produits devant le premier tribunal, ou qui même n'auraient existé qu'à une date postérieure au premier jugement.—*Desbrosses c. ville de la Rochelle*, 11 août 1841.

109. L'expropriation peut, après cassation d'un premier jugement, être requise par le ministère public devant le tribunal de renvoi, sans signification préalable de l'arrêt de cassation et sans assignation à la partie expropriée à comparaître devant le tribunal. Les articles 9, titre XIII du réglement de 1738 et 147 du Code de la procédure civile, relatifs aux cas ordinaires, sont sans application à la matière spéciale des expropriations pour cause d'utilité publique.—*Même arrêt.*

TITRE QUATRIÈME.

Du réglement des indemnités.

CHAPITRE Ier. — MESURES PRÉPARATOIRES.

I. DES OBLIGATIONS IMPOSÉES AU PROPRIÉTAIRE EXPROPRIÉ

II. DES OFFRES DE L'ADMINISTRATION : DANS QUELLES FORMES ELLES SONT FAITES ET A QUI.

III. DES FORMES ET DU DÉLAI DANS LESQUELS LES INTÉRESSÉS DOIVENT FAIRE CONNAITRE LEUR ACCEPTATION OU LEURS DEMANDES.

IV. CE QUI ARRIVE QUAND LES OFFRES DE L'ADMINISTRATION NE SONT PAS ACCEPTÉES.

1. *Des obligations imposées au propriétaire exproprié.*

Art. 21 : « Dans la huitaine qui suit la notification prescrite par l'article 15, le propriétaire est tenu d'appeler et de faire connaître à l'administration les fermiers, locataires, ceux qui ont des droits d'usufruit, d'habitation ou d'usage, tels qu'ils sont réglés par le Code civil, et ceux qui peuvent réclamer des servitudes résultant des titres mêmes du propriétaire ou d'autres actes dans lesquels il serait intervenu ; sinon il restera seul chargé envers eux des indemnités que ces derniers pourront réclamer.

« Les autres intéressés seront en demeure de faire valoir leurs droits par l'avertissement énoncé en l'article 6, et tenus de se faire connaître à l'administration dans le même délai de huitaine, à défaut de quoi ils seront déchus de tous droits à l'indemnité. »

Art. 22 : « Les dispositions de la présente loi relatives aux propriétaires et à leurs créanciers sont applicables à l'usufruitier et à ses créanciers.

110. Le délai de huitaine, à partir de la notification du jugement d'expropriation dans lequel le propriétaire est tenu d'appeler et de faire connaître les autres intéressés, tels que ceux qui ont des droits de servitude, à peine de rester seul responsable envers eux des indemnités que ceux-ci pourront réclamer, est fatal et non pas seulement

comminatoire.— *Meritan et autres c. le maire d'Apt*, 12 janvier 1842

111. Le même délai imparti aux intéressés pour se faire connaître est également fatal, et faute de se présenter dans ce délai ils sont déchus de tout droit à une indemnité — *Même arrêt.*—*Raimbault et autres*, 10 août 1844:

112. Toutefois, cette déchéance prononcée contre les intéressés non inscrits sur les matrices du rôle, qui ne se seraient pas fait connaître à l'administration dans la huitaine de la notification du jugement d'expropriation, n'est pas opposable à ceux qui s'étaient fait connaître à une époque antérieure à ce jugement.—*Vaissier c. préfet du Doubs*, 6 décembre 1842.

L'article 21, en imposant aux intéressés non inscrits sur les matrices du rôle et non désignés par les propriétaires inscrits sur ces matrices, l'obligation de se faire connaître à l'administration, sous peine de déchéance, au plus tard dans la huitaine de la notification du jugement d'expropriation, ne leur interdit pas de se faire connaître avant.

113. Un propriétaire dépossédé, qui a satisfait au vœu de l'article 21, en faisant connaître au magistrat directeur du jury ses locataires ayant droit à une indemnité de dépossession, ne doit pas être mis en cause dans les contestations qui, sur le réglement de cette indemnité, peuvent s'élever soit devant le jury, soit par suite de sa décision : ces contestations doivent s'agiter exclusivement entre les réclamants et l'administration.—*Charnay c. préfet de la Seine*, 5 février 1840.

114. Mais le propriétaire, qui n'a ni fait connaître ni appelé, dans le délai fixé par cet article, le fermier des lieux expropriés, pour le mettre à même de demander une indemnité, n'est pas recevable à former lui-même devant le jury cette demande —*Chion c. préfet de la Drôme*, 17 juillet 1844.

115. OBSERVATION.—Ces mots de l'article 21 *à l'admi-nistration* s'entendent de la partie expropriante. La loi de 1833 disait : *au magistrat directeur du jury*; la modification a été proposée par M. Renouard. Cette disposition s'appli-querait de même au cas où la concession serait faite à une compagnie. (Argument de l'article 63.)

II. *Des offres de l'administration : Dans quelles formes elles sont faites et à qui.*

Art. 25 : « L'administration notifie aux proprié-taires et à tous autres intéressés qui auront été désignés ou qui seront intervenus dans le délai fixé par l'article **21** , les sommes qu'elle offre pour indemnités.

« Ces offres sont, en outre affichées et publiées conformément à l'article 6 de la présente loi. »

116. La notification prescrite par cet article est une for-malité substantielle, qui ne peut être suppléée par des of-fres oralement discutées.—*Paris c. préfet des Deux-Sèvres*, 26 mai 1840.

L'article 37 impose au magistrat directeur du jury l'ob-ligation de mettre sous les yeux du jury le tableau des of-fres notifiées en exécution de l'article 23. Or, cette obliga-tion légale ne pourrait pas être remplie, si la notification prescrite par l'article 23 n'était pas faite par acte dûment signifié.

117. Nous dirons que, lorsque le prix aura été fixé amiablement entre le propriétaire et l'administration, il ne sera pas nécessaire de le notifier individuellement à tous les créanciers.

Toutefois, si ceux-ci, avertis par la notoriété publique ou par les notifications collectives , se croient lésés et pensent que le prix convenu est trop bas, ils ont le droit de demander que le jury prononce.—*(Argument des articles 17 et 19 combinés.)*

118. Sont nulles et donnent ouverture à cassation la décision du jury et l'ordonnance du magistrat directeur prononçant la dépossession d'un immeuble appartenant à une femme séparée de biens, lorsque l'expropriation a été prononcée contre le mari seul et qu'il n'apparaît d'aucun explcit d'offres à elle notifié.—*Forest c. le préfet du Gard*, 24 août 1846.

119. Une femme mariée ne peut non plus être expropriée de ses biens dotaux, sans être assistée de son mari pour l'autoriser, sous peine de nullité.—*Darmailhac c. le préfet de la Gironde*, 11 janvier 1848.

120. Le propriétaire exproprié qui, devant le jury. a demandé acte de sa déclaration d'avoir, conformément à l'article 21, désigné ses fermiers à l'administration, et de ce que celle-ci ne les a pas appelés en cause, quoiqu'elle dût leur notifier les sommes qu'elle offrait en indemnité; qui a également demandé acte de ses réserves et protestations contre toute responsabilité que voudraient faire peser sur lui soit l'Etat, soit les fermiers, à raison de la non comparution de ceux-ci et du défaut de liquidation de l'indemnité à laquelle ils peuvent avoir droit, n'est pas recevable à se plaindre de ce que le magistrat directeur, en lui donnant acte de ses déclarations, réserves et protestations, s'est borné à statuer sur ce qui était demandé et n'a pas prononcé d'office, en l'absence de conclusions à cet égard de la part des parties en cause, soit la nullité, soit le sursis de la procédure en réglement d'indemnité.—*Achardy c. le préfet des Bouches-du-Rhône*, 22 juillet 1850.

III. *Des formes et du délai dans lesquels les intéressés doivent faire connaître leur acceptation ou leurs demandes.*

Art. 24 : Dans la quinzaine suivante, les propriétaires et autres intéressés sont tenus de déclarer leur acceptation, ou, s'ils n'acceptent pas les
offres qui leur sont faites, d'indiquer le montant
de leurs prétentions. »

Art. 25 : Les femmes mariées sous le régime dotal, assistées de leurs maris ; les tuteurs , ceux
qui ont été envoyés en possession provisoire des
biens d'un absent, et autres personnes qui représentent les incapables, peuvent valablement
accepter les offres énoncées en l'article 23, s'ils
y sont autorisés dans les formes prescrites par
l'article 15. »

Art. 26 : « Le ministre des finances, les préfets,
maires ou administrateurs, peuvent accepter les
offres d'indemnité pour expropriation des biens
appartenant à l'Etat, à la couronne, aux départements, communes ou établissements publics ,
dans les formes et avec les autorisations prescrites par l'article 15. »

Art. 27 : « Le délai de quinzaine, fixé par l'article 24, sera d'un mois dans les cas prévus par
les articles 25 et 26. »

124. L'injonction faite par l'article 24 à l'exproprié ou
de déclarer qu'il accepte les offres ou d'indiquer le mon-

tant de ses prétentions, le tout dans le délai de quinzaine, ne constitue, ni par le texte, ni par l'esprit de la loi, une règle à l'exécution de laquelle soit attachée pour l'exproprié la déchéance du droit de réclamer devant le jury une indemnité supérieure à celle qui lui avait été offerte. Une telle rigueur n'était aucunement nécessaire à la marche expéditive que la loi a eu pour but principal d'obtenir dans les expropriations qui ont pour cause l'utilité publique : il a suffi, pour assurer l'accélération désirable dans l'accomplissement des formalités, de fixer un délai dans lequel l'exproprié est tenu de s'expliquer sur les offres.

En conséquence, l'indemnitaire est recevable à demander une somme supérieure aux offres de l'administration, même après l'expiration du délai de quinzaine, sauf à lui à supporter les frais de l'instance aux termes du dernier paragraphe de l'article 40. — *Préfet d'Indre-et-Loire c. Trobriand*, 24 juin 1842.—*Préfet de Lot-et-Garonne c. Richemont*, 30 janvier 1849.

Dans l'espèce de l'arrêt du 24 juin, la disposition pénale de l'artice 40 n'avait pas été encourue, parce que le treizième jour qui avait suivi l'offre de l'administration, l'exproprié s'était conformé à l'article 24, en écrivant au préfet qu'il refusait la somme offerte et demandait telle autre somme supérieure, bien qu'indéterminée.

122. Observations.—Lorsque l'article 25 parle des biens dotaux, il est évident qu'il désigne les biens dotaux inaliénables ; pour ceux dont l'aliénation aura été permise par le contrat de mariage, le consentement du mari et de la femme suffira.

Au refus du mari, la femme demandera l'autorisation aux juges, à moins que le mari ou la communauté n'ait la jouissance des biens.

Quoiqu'il n'en parle pas, l'article 25 doit s'appliquer aussi aux détenteurs de biens majoratisés. Si la chambre des pairs a retiré l'amendement qu'elle proposait pour combler cette lacune, ce n'était évidemment que pour ne pas retarder le vote de la loi.

IV. *Ce qui arrive quand les offres de l'administration ne sont pas acceptées.*

Art. 28 : Si les offres de l'administration ne sont pas acceptées dans les délais prescrits par les articles 24 et 27, l'administration citera devant le jury, qui sera convoqué à cet effet, les propriétaires et tous autres intéressés qui auront été désignés, ou qui seront intervenus, pour qu'il soit procédé au réglement des indemnités de la manière indiquée au chapitre suivant. La citation contiendra l'énonciation des offres qui auront été refusées. »

123. La nouvelle rédaction de l'article 28 explique nettement qu'il n'y a qu'un seul et même délai de quinzaine accordé pour l'acceptation des offres, soit aux propriétaires, soit aux autres intéressés.

Quant à l'acceptation du propriétaire, il ne faut pas la notifier aux autres parties : elles doivent se décider spontanément à accepter ou à répudier.

Enfin, l'administration ne fera citer, bien entendu, devant le jury, que les refusants l'offre.

CHAPITRE II. — DU JURY SPÉCIAL CHARGÉ DE RÉGLER LES INDEMNITÉS.

I. DU JURY, SON ORGANISATION.
II. DE LA CONVOCATION DES JURÉS ET DES PARTIES.
III. DE LA CONSTITUTION DU JURY SPÉCIAL, FORMES DE PROCÉDER, DU DROIT DE RÉCUSATION.
IV. DU SERMENT.
V. DE LA COMPÉTENCE DU JURY.
VI. DE L'INSTRUCTION ET DU JUGEMENT.
VII. DES DÉPENS : QUI DOIT LES SUPPORTER?
VIII. VOIE DE RECOURS CONTRE LA DÉCISION DU JURY ET L'ORDONNANCE DU MAGISTRAT DIRECTEUR : POUR QUELLES CAUSES, DANS QUELLE FORME ET DANS QUEL DÉLAI? SUITES.

I. *Du jury, son organisation.*

Art. 29 : « Dans sa session annuelle, le conseil général du département désigne, pour chaque arrondissement de sous-préfecture, tant sur la liste des électeurs que sur la seconde partie de la liste du jury, trente-six personnes au moins, et soixante-douze au plus qui ont leur domicile réel dans l'arrondissement, parmi lesquelles sont choisis, jusqu'à la session suivante ordinaire du conseil général, les membres du jury spécial appelé, le cas échéant, à régler les indemnités dues par suite d'expropriation pour cause d'utilité publique. Le nombre des jurés, désignés pour le département de la Seine sera de six cents. »

Art. 30 : « Toutes les fois qu'il y a lieu de recourir
à un jury spécial, la première chambre de la cour
royale, dans les départements qui sont le siége
d'une cour royale, et , dans les autres départements, la première chambre du tribunal du chef-
lieu judiciaire choisit, en la chambre du conseil, sur la liste dressée en vertu de l'article précédent , pour l'arrondissement dans lequel ont
lieu les expropriations, seize personnes qui formeront le jury spécial chargé de fixer définitivement le montant de l'indemnité, et, en outre ,
quatre jurés supplémentaires ; pendant les vacances ce choix est déféré à la chambre de la
cour ou du tribunal chargé du service des vacations. En cas d'abstention ou de récusation des
membres du tribunal, le choix du jury est déféré
à la cour royale.

« Ne peuvent être choisis :

« 1° les propriétaires, fermiers, locataires des terrains et bâtiments désignés en l'arrêté du préfet
pris en vertu de l'article 11, et qui restent à acquérir.

« 2° Les créanciers ayant inscription sur lesdits
immeubles.

« 3° Tous autres intéressés désignés ou intervenant
en vertu des articles 21 et 22.

« Les septuagénaires seront dispensés, s'ils le requièrent, des fonctions de juré. »

7

Art. 47 : « Les noms des jurés qui auront fait le
service d'une session ne pourront être portés sur
le tableau dressé par le conseil général pour l'année suivante. »

124. Une cour royale, appelée à composer le jury chargé
de fixer définitivement l'indemnité, ne peut, sans excès de
pouvoir, surseoir à sa formation, s'il lui apparaît : 1° un
jugement d'expropriation en forme probante; 2° un procès-
verbal contenant refus par les propriétaires ou à leur défaut
par les créanciers inscrits des offres qui ont dû leur être
faites.—*Procureur général c. le chemin de fer de Mulhau-
sen*, 31 décembre 1839.

En effet, la mission donnée par l'article 30 n'a rien de
judiciaire; elle est purement administrative et consiste
dans le choix à faire des membres qui doivent composer le
jury spécial chargé de régler les indemnités.

125. L'autorité judiciaire n'étant chargée à cet égard que
de choisir le jury spécial sur la liste dressée en vertu de
l'article 29, et non de rectifier et de réformer cette liste,
elle peut faire porter son choix même sur les jurés incapables.—*Orléac*, 24 novembre 1846.—*Sausse, c. préfet des
Bouches-du-Rhône*, 18 août 1851.

126. L'assemblée dans laquelle un tribunal fait le choix
des personnes destinées à former le jury spécial d'expropriation pour cause d'utilité publique doit être composée au
moins de la majorité des juges en titre, à peine de nullité
des opérations ultérieures.—*Canal de Givors c. Dubouchet*,
24 février 1841.

127. Est nulle la décision de la première chambre d'une
cour royale appelée à choisir un jury d'expropriation, qui
ne désigne pas les noms et n'indique pas le nombre des

magistrats qui ont concouru à la nomination.—*De Garel c. le préfet de la Seine.* 22 novembre 1841.

On a dit : Lorsqu'il y a lieu de recourir à un jury spécial d'expropriation pour cause d'utilité publique, le choix de ce jury doit être fait par la première chambre de la cour royale ; il doit, par conséquent, émaner de magistrats composant la première chambre, réunis au nombre exigé par l'article 27 de la loi du 27 ventôse an VIII. Ainsi, la décision par laquelle l'autorité judiciaire désignée à cet effet par la loi fait choix d'un jury, doit, comme tout autre décision judiciaire, porter avec elle la preuve de sa régularité.

C'est, au reste, l'application de l'article 141 du Code de procédure civile.

128. Le choix des jurés par le tribunal peut être fait dans la chambre du conseil ; il n'est pas nécessaire qu'il ait lieu en audience publique. — *Singer, c. le préfet de la Seine,* 30 avril 1844.

129. La délibération d'un tribunal à cet égard est régulière et valable, bien qu'elle ne soit pas revêtue de la formule exécutoire. — *Chion c. le préfet de la Drôme,* 17 juillet 1844.

130. De ce que l'article 47 défend de porter sur la liste générale les mêmes jurés pendant deux années consécutives, il ne résulte pas que, si une année s'est écoulée sans réunion de jury, l'incapacité de siéger doive se reporter sur les individus qui ont fait le service pendant l'année antécédente. — *De Salaze c. le préfet du Var,* 28 novembre 1843.

131. Est même régulière et valable la décision rendue par un jury pris sur une liste dont faisaient partie des jurés qui avaient fait le service de la session précédente. La violation de l'art. 47, non compris d'ailleurs en l'énumération de l'article 42, ne peut pas être considérée comme ouverture à

cassation. — *Pestiaux et autres c. chemin de fer de Monte-reau à Troyes*, 17 août 1847.

132. L'erreur sur le nom de l'un des jurés, dans l'arrêt de la Cour qui les désigne, qui ne s'est reproduite ni dans la notification adressée aux parties, ni dans la citation donnée au juré lui-même, ni dans le procès-verbal des opérations du jury, n'a point été de nature à amener soit une confusion de personne, soit l'incertitude sur l'individualité du juré désigné ; en conséquence, elle n'est point une cause de nullité de la délibération à laquelle ce juré a pris part. — *Achardy c. le préfet des Bouches-du-Rhône*, 22 juillet 1850.

133. La circonstance qu'au nombre des jurés supplémentaires sur la liste destinée à former le jury spécial chargé de régler les indemnités, se trouve une personne intéressée à l'expropriation, ne constitue pas une violation de l'article 30 et par conséquent il n'y a pas nullité de la décision du jury, lorsque cette personne intéressée n'a point fait partie du jury de jugement ; que ce jury a été entièrement complété, sans l'appel de son nom, parmi les jurés qui tous la précédaient sur la liste ; et que l'exercice du droit de récusation n'a été gêné ni directement ni indirectement. — *Préfet du Nord c. Féron. — Le même c. Jaunonne. — Le même c. Vermesch. — Le même c. André*, 7 avril 1845.

134. Aucune disposition de loi ne met obstacle à ce que les jurés compris sur la liste des seize jurés titulaires ou supplémentaires, qui n'ont pas été présents lors de l'ouverture de la session et qui n'ont pas été expressément et définitivement rayés, se présentent pendant le cours de la session et soient valablement compris dans les jurys de jugement composés postérieurement à leur comparution. — *Préfet des Bouches-du-Rhône c. Desplans*, 1er juillet 1845.

135. La partie qui n'a pas récusé un juré pris dans une

catégorie exclue par l'article 30 ne peut se faire contre la décision du jury un moyen de cassation de la présence de ce juré. — *Lacoste de l'Isle c. le préfet de Tarn-et-Garonne,* 26 mai 1846.

136. Spécialement, bien qu'un membre du conseil municipal d'une ville, qui poursuit une expropriation, puisse, en cette qualité, être écarté du jury pour cause d'incompatibilité, cependant son concours n'est pas une cause de nullité de la décision à laquelle il a pris part, quand d'ailleurs aucune réclamation n'a été élevée sur sa présence et qu'il n'a pas été récusé. — *Le préfet des Bouches-du-Rhône c. Nielle,* 2 février 1846.

137. Les citoyens portés sur la liste d'une année cessent d'avoir le caractère légal exigé par l'article 30 dès que le conseil du département a régulièrement dressé sa liste pour l'année qui va suivre. — *Commune de Villapourçon,* 7 avril 1845. — *Delacelle c. le préfet du Puy-de-Dôme,* 17 novembre 1847. — *Biberon et autres c. le préfet de Seine-et-Marne,* 16 avril 1849.

138. Est nulle la décision à laquelle ont concouru des jurés qui ne figurent pas sur la liste de l'année sur laquelle le jury a été formé par la Cour d'appel. Cette nullité. résultant du défaut de caractère d'un ou de plusieurs des citoyens qui ont concouru, tient au principe organique des juridictions et n'a pu être couverte par la simple comparution ni par le silence des parties. — *Le préfet de Maine-et-Loire c. la ville d'Angers,* 10 avril 1850.

139. OBSERVATIONS. — Le droit de récusation contre les magistrats n'existe qu'autant que le choix du jury est déféré à un tribunal de première instance.

D'après le rejet des amendements proposés lors du vote de l'article 30, il faut tenir pour constant que les exclusions prononcées par la loi doivent être entendues dans un sens restrictif.

Le dernier paragraphe de l'article 30, en donnant aux septuagénaires le droit de se faire dispenser des fonctions de juré, ne leur en impose pas l'obligation ; et, s'ils n'ont pas réclamé d'abord, ils peuvent se présenter ensuite devant le magistrat directeur.

II. — *De la convocation des jurés et des parties.*

ART. 51. « La liste des seize jurés et des quatre jurés supplémentaires est transmise par le préfet au sous-préfet, qui, après s'être concerté avec le magistrat directeur du jury, convoque les jurés et les parties, en leur indiquant, au moins huit jours à l'avance, le lieu et le jour de la réunion. La notification aux parties leur fait connaître les noms des jurés.

Art. 52. « Tout juré qui, sans motifs légitimes, manque à l'une des séances ou refuse de prendre part à la délibération, encourt une amende de cent francs au moins et de trois cents francs au plus.

« L'amende est prononcée par le magistrat directeur du jury. Il statue en dernier ressort sur l'opposition qui serait formée par le juré condamné. Il prononce également sur les causes d'empêchement que les jurés proposent, ainsi que sur les exclusions ou incompatibilités dont les causes ne seraient survenues ou n'auraient été connues que postérieurement à la désignation faite en vertu de l'article 30.

Art. 55. « Ceux des jurés qui se trouvent rayés de la liste par suite des empêchements, exclusions ou incompatibilités prévus à l'article précédent, sont immédiatement remplacés par les jurés supplémentaires, que le magistrat directeur du jury appelle dans l'ordre de leur inscription.

« En cas d'insuffisance, le magistrat directeur du jury choisit, sur la liste dressée en vertu de l'article 29, les personnes nécessaires pour compléter le nombre des seize jurés. »

140. Les convocations et notifications prescrites par l'article 31 sont valablement faites, non-seulement par les huissiers, mais encore par des lettres du préfet remises par un agent de l'administration, pourvu que dans aucun cas les parties ne soient privées du délai que la loi leur accorde.— *Maury et autres c. le préfet de la Haute-Vienne*, 15 avril 1840.—*Desgrais c. le maire des Batignolles*, 4 avril 1842.

Si les articles 1ᵉʳ et 4 de l'ordonnance royale du 18 septembre 1833, contenant le tarif de tous les actes qui seront nécessaires pour l'exécution de la loi sur l'expropriation pour cause d'utilité publique, taxent, au profit des huissiers les droits en original et en copie des actes de cette nature qui seront faits par leur ministère, cette ordonnance n'a eu en vue que de statuer sur un mode particulier de notification qu'elle a supposé devoir être le plus ordinaire, sans entendre restreindre la latitude laissée à l'administration par l'article 31.

141. La notification prescrite par l'article 31 est régulière, lorsqu'elle est faite en la forme indiquée par l'article 15 ;

dès lors, il n'y a pas lieu, lorsque cette forme est suivie, d'ajouter, le cas échéant, au délai de huitaine qui doit être observé entre la notification de la liste des jurés et la réunion du jury, le délai (de deux mois) accordé par l'article 73 du Code de procédure civile.—*De Tantegnies c. le préfet du Pas-de-Calais,* 3 mai 1843.

Dans l'espèce, la demanderesse en cassation demeurait en Belgique.

142. La partie qui comparaît et discute devant le jury l'indemnité due à l'exproprié sans réclamation aucune, est non recevable à exciper devant la cour de cassation de l'inobservation, qui aurait eu lieu à son égard, du délai prescrit par l'article 31, relativement à la notification de la liste des jurés.— *Concessionnaires de la Scarpe c. Favier,* 13 janvier 1840.

143. De même, la partie qui a comparu en personne devant le jury au jour, à l'heure et au lieu indiqués par la notification qui lui a été faite, n'est pas recevable à prétendre, pour la première fois, devant la cour de cassation, qu'elle doit être considérée comme nulle pour vice de forme, parce qu'elle n'aurait pas été faite dans la forme prescrite par l'article 15.—*Achardy c. le préfet des Bouches-du-Rhône,* 22 juillet 1850.

144. Il n'y a pas violation de la loi, parce que la réunion du jury aura eu lieu dans une salle autre que celle indiquée dans l'acte de convocation, mais dépendant du même local.—*Arrêt du* 13 janvier.

145. Le défaut de notification du nom d'un juré décédé ne constitue point une violation de l'article 31.—*Leveau c. la ville de Saint-Denis,* 19 mars 1849.

146. L'erreur qui peut se glisser dans le nom ou dans l'un des prénoms d'un juré, lorsqu'il n'y a d'ailleurs aucun individu du même nom patronimique avec lequel le

juré ait pu être confondu, ne saurait vicier les actes auxquels il concourt, lorsque son identité est constante. — *Commune de Cogolin c. Béranguier*, 30 avril 1839.—*Lacoste de l'Isle c. le préfet de Tarn-et-Garonne*, 26 mai 1846.— *Henry c. le préfet du Gard*, 22 juillet 1846.

147. Au contraire, la composition du jury et par suite sa décision se trouvent viciées, si la convocation d'un juré a été notifiée à un domicile autre que le sien et si le juré ne s'est pas présenté. — *Lacoste de l'Isle c. le préfet de Tarn-et-Garonne*, 23 juin 1840.—*De Lesdiguières c. le préfet de la Drôme; Bayle c. le même*, 20 juillet 1840.

En effet, la loi, en exigeant la convocation des jurés et des parties, avec indication, au moins huit jours à l'avance, du lieu et du jour de la réunion, et en réglant le mode suivant lequel les récusations devront être exercées, a voulu assurer la composition régulière du jury. Si le seul effet de l'irrégularité d'une assignation délivrée à un juré était de faire appeler, suivant l'ordre d'inscription, un juré qui, au cas où celui qui a été mal assigné eût été présent, ne serait pas entré dans la composition du jury, il dépendrait de la partie chargée de délivrer l'assignation d'écarter indirectement un juré, sans recourir au mode de récusation dont la loi a tracé les règles, et l'article 33 n'est point applicable aux cas d'irrégularité ou d'absence de la notification exigée par l'article 31. (*Motifs de l'arrêt de Lesdiguières.*)

148. Mais il ne résulte aucune nullité de ce qu'un juré, dont le domicile aurait été mal indiqué sur la liste dressée par le conseil général, par la cour ou le tribunal, a été assigné à ce domicile à la requête de l'administration et ne s'est pas présenté.—*Orléac*, 24 novembre 1846.

149. Si un juré, dont le nom avait été compris dans la liste des jurés notifiée à la partie expropriée, a été convoqué pour un jour autre que celui désigné de concert par

le magistrat directeur du jury et le sous-préfet de l'arrondissement, et s'il n'a pu ni se présenter au jour fixé, ni
participer à la formation du jury, les parties ont été privées de l'avoir pour juré, bien qu'il leur fût acquis, circonstance qui a nécessairement vicié la décision du jury et
l'ordonnance du magistrat directeur.—*Lacoste de l'Isle c.
le préfet de Tarn-et-Garonne*, 23 juin 1840.

150. Est nulle la décision prise par un jury qui, par
suite d'une erreur dans l'indication du nom d'un juré, altéré dans la délibération de la cour appelée à en faire le
choix, se trouvait composé de quinze jurés au lieu de seize.
— *De Garel c. le préfet de la Seine*, 22 novembre 1841.

Dans l'espèce, par le résultat de l'erreur dans l'indication du nom du onzième des seize jurés titulaires, un nom,
qui n'était point porté sur la liste du conseil général du
département, avait été compris dans la liste arrêtée par la
cour royale, et par suite ce juré, dont le nom n'avait point
été régulièrement notifié aux parties, n'avait pas été assigné
valablement et n'avait point concouru à la formation du
jury.

151. Mais de ce que le jury d'expropriation a été formé
sur une liste qui, par suite de dispenses, se trouvait réduite à quinze jurés, il ne saurait résulter aucune nullité,
si les parties n'ont point exigé, ainsi que chacune en avait
le droit, que la liste fût portée au nombre de seize.—*Chemin de fer de Saint-Germain c. le préfet de la Seine*, 5
janvier 1844.

152. Lorsque, pour compléter le nombre de seize jurés
sur lequel doit s'exercer le droit de récusation, on a
appelé non les premier et deuxième jurés supplémentaires,
mais le premier et le troisième, la partie qui a usé dans
toute sa plénitude de son droit de récusation (art. 34) n'est
pas fondée à se plaindre de la composition du jury. Elle

ne peut pas non plus exciper du droit que pourrait avoir l'autre partie de se plaindre du manque de convocation du deuxième juré supplémentaire.—*Chamecin et autres c. le préfet du Jura*, 3 mai 1841.

153. La convocation tardive de quelques-uns des jurés n'est pas une cause de nullité des opérations intervenues en leur absence, lorsque ces jurés ont fait connaître des causes d'empêchement et qu'ils ont été excusés sans réclamation.—*Thinières c. le préfet du Lot*, 27 mars 1843.

154. Le magistrat directeur peut dispenser de l'amende le juré défaillant qui comparaît même après la réception du serment de tous les jurés.—*Valogne c. le préfet de Seine-et-Oise*, 25 février 1840.

155. Le magistrat directeur, en écartant du jury de jugement l'un des jurés pour incompatibilité résultant de sa proche parenté avec l'un des expropriés, ne fait qu'user d'un droit qui lui est conféré par l'article 32.—*Manoury c. le préfet de la Seine*, 20 mai 1845.

156. Les jurés compris sur la liste des seize jurés titulaires ou des quatre supplémentaires, qui n'ont point été présents lors de l'ouverture de la session, peuvent encore, s'ils n'ont pas été rayés, se présenter dans le cours de la session et être compris dans les jurys de jugement composés postérieurement à leur comparution. — *Le préfet des Bouches-du-Rhône c. Desplans*, 1er juillet 1845.

157. L'article 33, en prescrivant au magistrat directeur de choisir sur la liste dressée par le conseil général de département les personnes nécessaires pour compléter, en cas d'insuffisance, le nombre des seize jurés, n'exige pas que, lorsque le besoin de cette convocation de jurés complémentaires se manifeste successivement dans plusieurs affaires pendant une même session, les mêmes personnes soient seules appelées pour compléter le jury.—*Même arrêt*.

158. L'article 33, qui confère au magistrat directeur les pouvoirs nécessaires pour compléter le jury, n'est pas applicable en cas d'irrégularité ou d'absence de la notification exigée par l'article 34, laquelle constitue une formalité substantielle. — *Préfet des Bouches-du-Rhône c. Lombardon et autres*, 2 février 1846.

159. Un propriétaire d'action de la compagnie qui poursuit l'expropriation pour cause d'utilité publique, peut faire partie du jury. Le directeur du jury n'est pas tenu de l'écarter pour incompatibilité. — *Desmartains et Lecène c. le chemin de fer de Lyon*. 9 août 1847.

160. L'article 33, dans son dernier paragraphe, en confiant au magistrat directeur le pouvoir de choisir, sur la liste dressée en vertu de l'article 29, les personnes nécessaires pour compléter le nombre des seize jurés, n'exige pas que l'ordonnance qui désigne les jurés nouveaux soit rendue en séance publique, il ne fait pas même un devoir à ce magistrat de rendre une ordonnance à ce sujet, en sorte qu'une simple invitation peut suffire. — *Cottin c. le préfet de la Seine*, 16 janvier 1844. — *Luys c. le préfet de la Seine*, 4 mars 1844.

161. Aucun texte de loi ne règle non plus aucun mode spécial de convocation des citoyens qui ont été choisis comme jurés complémentaires; ainsi, c'est à la prudence du magistrat directeur à employer celui qui, eu égard aux circonstances, lui semble le plus expéditif et le plus sûr. — *Arrêt Luys*

162. Aucun texte de loi n'impose non plus ni forme déterminée ni moment précis pour porter à la connaissance des parties intéressées les noms de ces jurés nouveaux; ainsi, cette connaissance a pu leur être donnée alors seulement qu'il allait être procédé à la constitution définitive du jury, sans que de là il soit résulté entrave au libre et plein exercice du droit de récusation. — *Même arrêt.*

163. Lorsque le jury, régulièrement convoqué, interrompt ses opérations pour prendre dans l'intervalle des renseignements propres à l'éclairer, il peut continuer ses opérations au jour indiqué par lui, sans qu'il soit nécessaire de le convoquer de nouveau dans les formes prescrites par l'article 31.—*Préfet d'Ille-et-Vilaine c. N*..... 5 août 1844.—*Molaix c. préfet de la Seine*, 24 décembre 1851.

164. Une ville, qui poursuit une expropriation à la requête et à la diligence du préfet du département, n'est pas recevable à se faire un moyen de cassation, contre la décision intervenue, des irrégularités qu'elle reproche aux copies d'exploits de convocation des jurés délivrés à sa propre requête dans la personne du préfet. — *Le préfet des Bouches-du-Rhône c. Mille*, 2 février 1846.—*Ville de Saint-Denis c. Anquetin et autres*, 19 mars 1849.

III. *De la constitution du jury spécial; formes de procéder; du droit de récusation.*

Art. 34. « Le magistrat directeur du jury est assisté, auprès du jury spécial, du greffier ou commis-greffier du tribunal, qui appelle successivement les causes sur lesquelles le jury doit statuer et tient procès-verbal des opérations.

«Lors de l'appel, l'administration a le droit d'exercer deux récusations péremptoires, la partie adverse a le même droit.

« Dans le cas où plusieurs intéressés figurent dans la même affaire, ils s'entendent pour l'exercice du droit de récusation, sinon le sort désigne ceux qui doivent en user.

« Si le droit de récusation n'est point exercé ou
s'il ne l'est que partiellement, le magistrat directeur du jury procède à la réduction des jurés au
nombre de douze, en retranchant les derniers
noms inscrits sur la liste. »

Art. 55. « Le jury spécial n'est constitué que lorsque les douze jurés sont présents.

Les jurés ne peuvent délibérer valablement qu'au
nombre de neuf au moins. »

165. La partie qui, après avoir requis l'adjonction du
greffier, a procédé sans réserves et pris part aux opérations ultérieures, n'est pas fondée à se faire un moyen de
nullité de ce que, lors des premières opérations, le magistrat directeur n'avait pas été assisté d'un greffier.—*Singer
c. le préfet de la Seine*, 30 avril 1844.

166. Le procès-verbal tenu en exécution de l'article 34
est un acte authentique auquel foi est due en justice jusqu'à inscription de faux ; en conséquence, la preuve testi-
moniale est non recevable contre ses énonciations.—*Commune de Charnay c. Guillemineau*, 19 janvier 1835.

167. Ainsi, lorsque le procès-verbal constate que l'un
des jurés a été récusé par l'exproprié, celui-ci est non recevable à se plaindre de ce que le magistrat directeur a
décidé que ce juré ne ferait pas partie du jury de jugement.—*Regnier c. préfet de la Manche*, 27 août 1851.

168. Mais ce procès-verbal est nul s'il n'est pas revêtu
de la signature du magistrat directeur. Il ne suffit pas que
ce magistrat ait apposé sa signature au bas de l'ordonnance
nécessaire pour rendre exécutoire la décision du jury.—*Mou-
reu c. Callet.—Le même c. Ferre c. Pélissier*, 31 décembre 1844.

169. La récusation autorisée par l'article 54 ne peut être légalement proposée devant la cour de cassation.—*Dumarest c. Millet et Henry,* 11 mai 1835.

Dans l'espèce, le pourvoi était dirigé contre la décision du jury, en ce que l'un des jurés, qui avaient concouru à cette décision, aurait été l'un de ceux qui avaient concouru à une première décision du jury déjà cassée entre les mêmes parties. Mais cette allégation n'était nullement justifiée et la décision du jury avait été rendue contradictoirement avec la demanderesse ; de plus, vérification faite des conclusions par elle prises devant le magistrat directeur du jury, il en résultait qu'aucune récusation contre ce juré n'avait été proposée.

170. Le droit de récusation doit être exercé lors de l'appel des causes réglé par le paragraphe 1er de l'article 34. —*Le préfet du Nord c. Feron, c. Jaussonne, c. Vermesch, c. André,* 7 avril 1845.

171. S'il résulte du procès-verbal que le jury de jugement a été dûment composé, on ne peut se faire un moyen de cassation de ce que dans un passage de ce procès-verbal, onze jurés seulement sont dénommés au lieu de douze, lorsqu'il résulte de toutes les autres parties que douze jurés ont formé le jury dans l'ordre régulier de leur inscription sur la liste et après une claire et complète vérification des diverses absences et récusations, que tous ont prêté serment, pris part aux opérations et signé la décision. —*Manoury c. le préfet de la Seine,* 20 mai 1845.

172. Lorsque plusieurs intéressés ont consenti à ce que des réglements d'indemnité relatifs à diverses expropriations soient réunis en une même catégorie et soumis à un même jury spécial, ils doivent s'entendre pour exercer collectivement leur droit de récusation.—*Même arrêt.*

173. Quand, en l'absence de l'un des jurés, il a été ap-

pelé un juré supplémentaire et que le jury a été définitivement constitué, la comparution tardive du juré défaillant, après la réception du serment de tous les jurés, ne peut autoriser le magistrat directeur à désorganiser un jury légalement constitué. — *Valogne c. le préfet de Seine-et-Oise,* 25 février 1840.

174. Mais est irrégulièrement composé le jury de jugement dans lequel figure un juré que son rang sur la liste n'appelait pas à en faire partie, alors qu'aucune cause d'empêchement n'est mentionnée relativement aux jurés qui le précédaient. — *Labeaume c. Challier,* 23 juin 1846. — *Compagnie des chemins de fer de Dieppe et de Fécamp c. Hocquart,* 20 décembre 1847.

175. Est nulle la décision rendue par un jury dans la formation duquel sont entrés des jurés supplémentaires, en l'absence de jurés titulaires qu'aucune pièce ne justifie avoir été régulièrement convoqués ; et la nullité résultant de ce fait n'est pas couverte par la récusation de l'un des jurés supplémentaires. — *Martin c. le préfet de l'Orne,* 34 janvier 1849.

176. Est également nulle, même en l'absence de protestations et réserves du demandeur en cassation, la décision du jury dans lequel ont figuré un juré récusé et un juré supplémentaire, lorsque la présence du juré remplacé est établie et que rien ne constate la récusation de ce dernier. — *Colliau Carment c. le préfet de la Seine,* 17 février 1851.

177. Après la formation du jury, le magistrat directeur ne peut pas admettre une cause d'empêchement qu'alléguerait l'un des jurés et le remplacer par un nouveau juré, alors surtout qu'aucune récusation ne peut plus être exercée par suite des récusations antérieures qui ont réduit à douze le nombre des jurés. — *Du Couedic c. le préfet du Finistère,* 22 novembre 1843.

178. Mais, lorsque l'un des douze jurés vient à se trouver empêché pour cause de maladie, les autres jurés peuvent régulièrement procéder au nombre de onze. — *Le préfet de l'Hérault c. Jansen et autres*, 6 février 1844.

179. Lorsqu'à l'ouverture de la session, le magistrat directeur, déterminé par le nombre des affaires à expédier, les a, du consentement formel de toutes les parties, divisées en plusieurs catégories, pour chacune desquelles il a formé un jury spécial constitué par douze jurés présents, si dans l'intervalle de temps, qui s'est écoulé entre la constitution des jurys et le commencement des opérations pour les dernières catégories, un des douze jurés a du être dispensé pour le reste de la session, cette circonstance n'a point altéré le pouvoir que le jury tenait de la constitution primitive. L'article 35, ni dans son texte, ni dans son esprit, n'exige de continuité entre les deux opérations qu'il a eues en vue, la constitution du jury et la délibération. — *Desmartains et Lecène c. le chemin de fer de Lyon*, 9 août 1847. — *Molaix c. le préfet de la Seine*, 24 décembre 1851.

IV. *Du serment.*

Art. 36. « Lorsque le jury est constitué, chaque juré prête serment de remplir ses fonctions avec impartialité. »

180. Le jury ne peut ni commencer l'instruction ni procéder à ses opérations, tant que la formalité substantielle du serment, sans l'accomplissement de laquelle les jurés ne sont point encore investis de leur caractère légal, n'a point été remplie.

Aussi est nulle la décision du jury, lorsqu'avant d'avoir prêté serment, les membres qui le composent ont entendu la lecture des propositions de l'administration, ordonné et effectué leur transport, et qu'ils n'ont prêté serment qu'après avoir procédé à cette opération — *L'administration du canal de Roanne c. Ducoing*. 26 septembre 1834. — *Acoquat-Fontvive c. le préfet de l'Arriège*, 9 mai 1843. — *De Méry c le préfet de Seine-et-Marne*, 24 novembre 1847.

181. Toutefois, le serment ne doit être nécessairement prêté par les jurés que lorsque le jury est constitué. — *De Boubers c. le ministre du Commerce*, 9 juin 1834.

182. Ainsi, de ce que les jurés, après un premier appel de leur nom, mais avant d'avoir prêté serment, se sont rendus sur les lieux pour en prendre connaissance, il ne saurait résulter de nullité des opérations régulières auxquelles ces mêmes jurés se sont livrés sur un second appel et après prestation de serment : une telle visite n'ayant dans ce cas que le caractère d'une démarche purement officieuse. — *Mouruan c. l'Etat*, 26 avril 1843. — *Henry c. le préfet du Gard*, 22 juillet 1846.

183. Il n'est pas nécessaire qu'un jury unique, jugeant plusieurs affaires, prête serment au commencement de chaque affaire. Mais, lorsque, par suite d'une récusation, le jury se trouve renouvelé en partie, tous les jurés doivent prêter serment : il ne suffirait pas que les nouveaux jurés prêtassent serment. — *Préfet de l'Isère c. Lebrun et autres*, 23 mai 1842.

184. Les termes de l'article 36 ne sont pas sacramentels : en faisant prêter ce serment avec l'addition *devant Dieu et devant les hommes*, le magistrat directeur n'en a point altéré la substance. — *Parmentier Carlier c. Urbain et Picard*, 7 février 1837.

185. Est nulle la décision du jury rendue sans que le procès-verbal fasse mention du serment préalable des jurés.

— *Préfet de l'Hérault c. Bonnefant,* 11 août 1843. —
Commune de St-Martin-ès-Vignes c. Lutel, 20 avril 1846.
— *Préfet des Basses-Alpes c. Ollivier et autres,* 19 mai
1851.

186. La preuve que le serment a été prêté séparément
par chaque juré résulte suffisamment du passage du procès-
verbal portant : CHACUN DES JURÉS APPELÉS INDIVIDUELLEMENT
A DIT EN LEVANT LA MAIN : JE LE JURE. — *De Boubers c. le
ministre du Commerce,* 9 juin 1834.

187 Lorsque le procès-verbal dressé par le magistrat
directeur constate que les jurés ont prêté serment individuellement, la partie ne peut être reçue à s'inscrire en faux
contre cette énonciation pour établir que le serment a eu
lieu collectivement qu'autant que cette articulation serait
appuyée par des indices graves et nombreux. — *Mouruan
c. l'Etat.* 26 avril 1843.

188. Jugé même que, lorsque le procès-verbal constate
que le serment a été prêté, non par le jury, mais par les
jurés, cela doit s'entendre, conformément à la loi, des jurés
considérés individuellement. — *Molaix c. le préfet de la
Seine,* 24 décembre 1851.

189. Il n'y a point violation de l'article 36 parce que le
serment du jury n'a pas été prêté immédiatement après sa
constitution ; cet article exige bien que la prestation du
serment suive la constitution du jury, mais non qu'il la
suive sans intervalle. — *Cottin c. le préfet de la Seine,*
16 janvier 1844.

V. *De la compétence du jury* (1).

Art. 44. « Le jury ne connaît que des affaires
dont il a été saisi au moment de sa convocation,
et statue successivement et sans interruption sur
chacune de ces affaires. Il ne peut se séparer
qu'après avoir réglé toutes les indemnités dont la
fixation lui a été ainsi déférée. »

Art. 45. « Les opérations commencées par un jury,
et qui ne sont pas encore terminées au moment
du renouvellement annuel de la liste générale
mentionnée en l'article 29, sont continuées,
jusqu'à conclusion définitive, par le même
jury. »

190. Le jury ne connaît que des affaires dont il a été
saisi au moment de sa convocation ; à plus forte raison ne

---

(1). Il ne faut pas confondre les dommages *permanents* avec les
dommages *temporaires et variables* causés par les travaux d'utilité
publique. Dans le premier cas, c'est au jury qu'il appartient de prononcer sur l'indemnité due ; dans le second cas, c'est à l'autorité administrative que revient cette connaissance. — *Préfet de l'Oise c.
Pollet*, 23 *avril* 1838. — *Commune des Moulins c. Lhoir* 30 *avril*
1838.

On doit considérer comme dommage *permanent*, et non pas seulement *temporaire*, la diminution de la force motrice d'une usine. —
Préfet de la Sarthe c. Bruneau, 23 novembre 1836.—Le dommage
résultant de travaux d'utilité publique, toutes les fois que la propriété
se trouve affectée d'une manière perpétuelle, bien que le dommage
n'ait lieu que par intervalles plus ou moins rapprochés, selon la volonté
de l'administration,—*Arrêt Pollet*.

peut-il pas connaître des litiges qui n'ont pris naissance qu'après que la clôture de la session pour laquelle il avait été convoqué, a mis fin à ses pouvoirs, encore bien que ces litiges se rapportent à des expropriations qui lui ont été soumises. — *Courtine et autres c. le préfet de la Seine,* 14 janvier 1851.

191. Et même si, par des dires devant le jury, le système d'expropriation, qui résultait tant des ordonnances que du jugement même d'expropriation, et sur lequel étaient intervenues les offres et demandes qui faisaient la matière de l'indemnité dont le montant était à fixer par le jury, est dénaturé, le jury ne peut plus statuer. — *Binot, Mignon et autres c. la Comp du chemin de fer de Paris,* 9 janvier 1839.

La difficulté, dans ce cas, ne peut pas être considérée comme étrangère à la fixation du montant de l'indemnité, ni, par conséquent, comme une de celles que prévoit l'article 39.

La face nouvelle donnée au débat par l'administration, qui élève une prétention jusqu'alors ignorée de l'exproprié, ne permettait pas aux jurés de prononcer, et l'ordonnance du magistrat directeur qui, en accueillant l'exception de l'exproprié, a renvoyé à une session ultérieure l'affaire comme n'étant pas en état, n'a point violé l'article 44. — *Le préfet de Seine-et-Oise c. Régnier,* 3 juillet 1850.

19'. Mais si l'administration, qui a annoncé avoir besoin d'accroître le terrain, qui seul était compris dans le jugement d'expropriation, a ajouté à ses offres une somme de...., et si les intéressés, loin de contredire cette prétention, ont additionné l'excédant de terrain avec l'étendue exprimée au jugement et ont réclamé pour la totalité, ce chef de demande de cession de terrain et l'adhésion qui l'a suivie, ont formé un contrat judiciaire et le jury a pu, sans excéder ses pouvoirs et sans violer aucun texte, procéder à l'estimation de l'ensemble des terrains.—*Héritiers Douzelot c. le préfet de Seine-et-Oise*, 31 décembre 1850.

193. De même, lorsque, devant le jury, l'administration renonce à quelques-unes de ses prétentions et consent à faire des travaux que ses offres antérieures laissaient à la charge de l'exproprié, celui-ci, qui a demandé acte de ces nouvelles conclusions, n'est pas recevable à se plaindre de ce que le jury en a tenu compte dans sa décision. — *Même arrêt.*

194. Deux jurys constitués en jurys distincts pour connaître séparément de deux séries d'affaires, doivent, à peine de nullité, quand même ils seraient composés en grande partie des mêmes jurés, procéder distinctement sur la série d'affaires dont chacun d'eux est juré et ne peuvent exercer en commun des actes d'instruction. — *Kœchlin c. Schuch et autres*, 22 juin 1840. — *Lehir c. le préfet du Finistère*, 2 décembre 1846.

Dans l'espèce, la composition des deux jurys ne différait que par la personne d'un seul juré.

195 Lorsque plusieurs affaires sont comprises dans un même jugement d'expropriation, il n'est pas nécessaire de constituer autant de jurys que d'affaires. Il suffit que toutes les parties aient été mises à même d'exercer leur droit de récusation et qu'on ait formé un jury nouveau dans le cas où les récusations exercées l'ont rendu nécessaire. En tout cas, les parties qui ont exercé dans toute sa latitude leur droit de récusation ne sont pas recevables à attaquer la décision. — *Préfet de l'Isère c. Lebrun et autres*, 23 mai 1842.

196. Le jury spécial formé au commencement de la session peut aussi seul, du consentement de toutes les parties intéressées et des jurés, procéder à la fixation des indemnités pour toutes les causes qui lui seraient présentées dans

la session — *Chamecin et autres c le préfet du Jura,* 3 mai 1841. — *Pertiaux et autres c. le chemin de fer de Montereau,* 17 août 1847.

197. L'exproprié dûment appelé et qui s'est présenté, sans faire aucune protestation ni réserve contre le mode de procéder et sans demander que son affaire soit disjointe, qui s'est également abstenu de toute réclamation, lors de l'exercice collectif du droit de récusation, est non recevable à se plaindre de ce qu'une grande partie des intéressés auraient, en son absence, consenti à la formation d'une seule catégorie des affaires pour être soumises à un même jury spécial. — *Manoury c. le préfet de la Seine,* 20 mai 1845.

198. Les pouvoirs du jury d'expropriation cessent au renouvellement annuel des listes par le conseil général, et il n'y a d'exception à cette règle que lorsque les opérations du jury sont commencées lors du renouvellement de la liste. Dès lors, les opérations d'un jury sont nulles, si ce jury n'a été réuni et ne les a commencées qu'après le renouvellement de la liste par le conseil général. — *Charleus c. le préfet de la Nièvre,* 7 avril 1845.

199. A plus forte raison l'article 45 ne s'applique-t-il pas au cas où les jurés n'ont encore été que choisis par le tribunal avant ce renouvellement. Évidemment on ne peut tenir pour commencé l'ensemble des opérations du jury, avant que la composition même du jury soit effectuée, c'est-à-dire avant que le magistrat directeur ait, conformément à l'article 33, procédé à la formation définitive des jurés appelés à faire le service de la session. — *Rouanet c. le préfet de l'Aube,* 23 février 1842. — *Rebellac c. le préfet de l'Hérault,* 15 février 1843 — *Fléchet et Glas c. Douzel,* 29 avril 1844.

200. Même décision, encore bien que la délibération prise

par le tribunal, pour la formation de ce jury, n'ait pas été
attaquée. — *De Semalé c. le préfet de la Manche, 15 février
1843.*

VI. *De l'instruction et du jugement.*

ART. 57. « Le magistrat directeur met sous les
yeux du jury, 1° le tableau des offres et demandes notifiées en exécution des articles 23 et 24 ;
2° les plans parcellaires et les titres ou documents
produits par les parties à l'appui de leurs offres et
demandes. — Les parties ou leurs fondés de pouvoir peuvent présenter sommairement leurs observations. — Le jury pourra entendre toutes les
personnes qu'il croira pouvoir l'éclairer ; — il
pourra également se transporter sur les lieux ou
déléguer à cet effet un ou plusieurs de ses membres. — La discussion est publique ; elle peut
être continuée à une autre séance. »

ART. 58. « La clôture de l'instruction est prononc-
cée par le magistrat directeur du jury — Les jurés se retirent immédiatement dans leur chambre
pour délibérer, sans désemparer, sous la présidence de l'un d'eux, qu'ils désignent à l'instant
même. — La décision du jury fixe le montant de
l'indemnité ; elle est prise à la majorité des voix.
— En cas de partage, la voix du président du
jury est prépondérante. »

ART. 44, 1ᵉʳ alinéa. « La décision du jury, signée
des membres qui y ont concouru, est remise par

le président au magistrat directeur, qui la déclare
exécutoire, statue sur les dépens et envoie l'administration en possession de la propriété, à la
charge par elle de se conformer aux dispositions
des articles 53, 54 et suivants. »

Art. 46. « Après la clôture des opérations du jury,
les minutes de ses décisions et les autres pièces
qui se rattachent auxdites opérations sont déposées au greffe du tribunal civil de l'arrondissement. »

201. La présentation au jury du tableau des offres et des
demandes est une formalité substantielle dont l'omission
emporte nullité des opérations du jury. — *Badinaud c la
compagnie des mines de Montrambert et de Gaillard*, 15
juillet 1844. — *Avisse c. le préfet d'Eure-et-Loire*, 27 février 1851.

202. Toutefois, le manque de production de ce tableau
relativement à un locataire ne peut faire annuler la décision
du jury, lorsque, ce locataire n'ayant pas fait connaître son
droit à une indemnité, l'administration n'a pu lui signifier
aucune offre. — *Luys c. le préfet de la Seine*, 15 mars 1847.

203. Il n'est pas nécessaire de joindre à ce tableau les
éléments dont se composent les offres et les demandes. —
Girard c. le préfet de l'Indre, 24 novembre 1846.

204. Il n'est pas non plus nécessaire que les exploits contenant notification des offres soient représentés au jury à
l'appui du tableau de l'état des offres Il suffit d'un certificat
de l'administration attestant que cette notification a été
faite. — *Méritan et autres c. le maire d'Apt*, 12 janvier
1842

205. Si, aux termes de l'article 37, les plans parcellaires

doivent être mis sour les yeux du jury, indépendamment des titres ou documents produits par les parties, l'administration ne peut invoquer le défaut de remise desdits plans, lorsque c'est par son fait que cette remise n'a pas eu lieu. — *Préfet des Bouches-du-Rhône c. de Grignan, 24 mars 1841. — Préfet de l'Hérault c. Jansen et autres, 6 février 1844.*

206. Il suffit, pour satisfaire à l'article 37, en ce qui concerne la remise d'un plan parcellaire, que le plan énonce la position, la nature et le nombre des parcelles expropriées, bien que d'ailleurs il ne soit pas conforme au cadastre, alors surtout que les jurés se sont transportés sur les lieux avec des pièces qui énonçaient la valeur et la contenance des parcelles ; ou si, lors du dépôt de ce plan, les parties ne l'ont pas contesté et s'il se réfère d'ailleurs par lettres et numéros aux sections du cadastre auxquelles appartiennent les parcelles expropriées. — *Thenières c. le préfet du Lot. — Cluse c. le préfet de Vaucluse,* 27 mars 1843.

207. La remise au jury des documents énumérés dans l'article 37 n'a pas besoin d'être constatée par une formule expresse et spéciale ; on peut en faire résulter la preuve de l'ensemble du procès-verbal. — *Desmartains et Lecène c. le chemin de fer de Lyon,* 9 août 1847. — *Arrêt Avisse ci-dessus cité.*

208. A plus forte raison la production des plans parcellaires est-elle suffisamment constatée par le procès-verbal de la délibération du jury qui porte que *les plans parcellaires ont été mis sous les yeux du jury.* — *Valogné c. le préfet de Seine-et-Oise,* 25 février 1840.

209. Mais la constatation de cette remise ne résulterait pas de l'énonciation vague et générale au procès-verbal que *les pièces et documents produits par les parties ont été placés sous les yeux des jurés.* — *Maury c. la commune de la Rouvière,* 2 janvier 1844.

210. Lorsqu'une indemnité approximative et provisionnelle a été accordée conformément à la loi du 30 mars 1831,
et lorsqu'ensuite l'indemnité définitive se règle conformément à la loi du 3 mai 1841, aucune disposition de loi ne
prescrit, à peine de nullité, de mettre sous les yeux du jury
le rapport d'expert, qui a servi à la fixation de l'indemnité
provisionnelle, et qui en a indiqué les éléments d'après la
valeur soit de la propriété, soit des produits et revenus. —
De Salaze c. le préfet du Var, 28 novembre 1843.

211. Le magistrat directeur qui refuse de soumettre au
jury, sur la contenance du terrain exproprié, des observations de la nature de celles qui, conformément aux articles
7, 11 et 12. devaient être consignées au procès-verbal ouvert par le maire de la commune et par lui transmises au
préfet, fait une juste appréciation des pouvoirs du jury.
Toutefois, le magistrat directeur peut. sans inconvénient,
par une ordonnance spéciale, décerner acte à l'exproprié de
ses réserves touchant la portion de terrain dont il préten-
drait que la contenance réelle du terrain exproprié excède
la contenance indiquée au jugement d'expropriation, pourvu
que ces réserves restent étrangères au travail du jury, qui
n'en continuera pas moins à opérer sur les indications de
ce jugement. — *Le préfet de la Seine c. Larbouillet*, 9 février 1846.

212. L'administration qui exproprie ne peut, pour la première fois, devant la Cour de cassation, contester le pouvoir
du mandataire qui a représenté l'exproprié devant le jury.
— *Le préfet d'Ille-et-Vilaine c. Thomas*, 20 décembre 1842.

213. L'expert de l'administration peut prendre part aux
débats et être entendu par les jurés qui jugent cette audi-
tion utile pour s'éclairer. — *Mouruan c. l'Etat*, 26 avril
1843.

214. Lorsque deux communes sont intéressées à une

expropriation et doivent contribuer l'une et l'autre à l'indemnité, bien que cette expropriation ne soit poursuivie
que par l'une d'elles, le maire de l'autre peut prendre part
à la discussion, comme ayant un intérêt légal à faire réduire
l'indemnité et sans qu'il soit nécessaire que le jury ait
demandé à l'entendre à titre de renseignement. — *Singer
c. le préfet de la Seine,* 30 avril 1844.

215. Il suffit que la délibération du jury, relative à son
transport sur les lieux, indique que ce transport aura lieu
tel jour et à telle heure, et que cette délibération ait été
lue en séance publique ; une intimation aux parties n'est
pas nécessaire.—*Parmentier, Carlier c. Urbain et Picard,*
7 février 1837.

216. Jugé qu'aucune disposition de la loi n'assujettit à
des formes spéciales et sacramentelles la constatation de la
décision du jury à cet égard et que de la mention faite par
le procès - verbal qu'il a été annoncé par le magistrat
directeur que les jurés se transporteront sur les lieux, il n'y
a nullement à induire que *le transport* n'ait pas été voulu
et résolu par le jury lui-même. — *Molaix c. le préfet de la
Seine,* 24 décembre 1851.

217. Le magistrat directeur peut accompagner le jury
dans son transport sur les lieux contentieux, mais cela n'est
pas nécessaire.—*Arrêt Parmentier.- Cluse c. le préfet de
Vaucluse,* 27 mars 1843.

218. Il peut aussi, sans violer aucune loi, avertir les
jurés, si une visite de lieux était par eux jugée nécessaire,
du moment où elle serait le plus utilement faite—*Léguillette c. le préfet de l'Aisne,* 19 avril 1846.

219. On ne saurait fonder la cassation de la décision du
jury sur l'absence d'un rapport particulier de la part de
l'homme de l'art commis pour assister et éclairer le juré
délégué dans son transport sur les lieux contentieux —
De Boubers c. le ministre du commerce, 9 juin 1834.

L'intention du législateur, *a dit la Cour de cassation*, a été d'interdire au jury de prescrire une expertise proprement dite, et la nécessité d'un tel rapport n'est prescrite par aucun des articles de la loi rappelés dans l'article 42.

220. Le grief tiré d'une prétendue insuffisance de l'avertissement donné aux parties et de la violation de l'article 37, résultant de ce que ni le procès-verbal d'une visite de lieux, ni la décision ordonnant cette visite, n'indiqueraient le jour et l'heure du transport, est couvert par le débat contradictoire ouvert à l'audience après ce transport, lors duquel les parties ont présenté leurs observations et défenses, sans alléguer qu'elles n'avaient pas été régulièrement appelées à la visite des lieux.—*Préfet des Bouches-du-Rhône c. Berthet*, 16 février 1846.

221. Est valable la visite de lieux ordonnée par le jury, bien que tous les membres n'y aient pas pris part et ne se soient pas rendus sur les lieux, alors surtout que ce mode de procéder n'a pas été critiqué par les parties lors de la décision définitive.—*Préfet d'Indre-et-Loire c. Trobriand*, 21 juin 1842.

222. Mais serait nulle la décision rendue avec le concours de deux jurés, qui n'avaient pas assisté à la visite des lieux à estimer, alors que cette visite, ordonnée comme indispensable par une décision précédente, dût être faite, non par délégation, mais par *tous* les membres du jury. — *Pascal c. préfet du Var*, 26 mars 1850.

223. L'exiguïté prétendue de la salle où la séance a été tenue n'empêche pas qu'il y ait eu la publicité exigée par l'article 37. — *Concessionnaires de la Scarpe c. Favier*, 13 janvier 1840.

224. Cette publicité est suffisamment constatée par l'énonciation dans le procès-verbal, qu'après les débats contradictoires et l'entrée des jurés en délibération, le magistrat

directeur, les parties, leur conseil, et le public se sont retirés. — *Singer c. préfet de la Seine*, 30 avril 1844.

225. Tant que les débats ne sont pas clos, les jurés peuvent communiquer avec le public. Cette communication n'est pas une cause de nullité. — *Mouruan c. l'Etat*, 26 avril 1843.

226. La clôture des débats prononcée par le magistrat directeur n'empêche pas que les jurés ne puissent arrêter qu'ils se transporteront sur les lieux : ce n'est là qu'une délibération préparatoire rentrant parfaitement dans la compétence du jury. — *Parmentier-Carlier c. Urbain et Picard*, 7 février 1837.

227. Les débats ayant été clos peuvent être ouverts de nouveau. — *Même arrêt*. La réouverture des débats avait eu lieu de la part du magistrat directeur, après la visite des jurés.

228. Après que la clôture en a été prononcée dans un local d'audience, les débats peuvent être rouverts dans un autre local. Mais il faut qu'il résulte du procès-verbal que les débats n'ont pas été rouverts hors la présence des parties et que celles-ci ont été mises à même de défendre en toute liberté leurs intérêts et leurs prétentions. — *Piattier et Trochery c. préfet de la Seine*, 17 décembre 1845.

229. Le directeur du jury peut, sans excéder ses pouvoirs, soit poser les questions que les jurés ont à résoudre, soit appeler leur attention sur les faits qui résultent de la procédure et des débats. — *Gallé c. préfet de la Seine*, 1er mars 1843.—*Gérard c. préfet de l'Indre*, 24 novembre 1846.

230. Les jurés, au lieu de se retirer dans une autre salle pour délibérer, sans désemparer, peuvent rester dans la même salle d'audience sur l'invitation du magistrat directeur, qui, en se retirant lui-même, ainsi que le greffier, a

préalablement fait évacuer la salle, en a fait fermer les portes et n'y est rentré, pour rendre de nouveau l'audience publique, qu'après que le jury l'a fait prévenir que sa délibération est terminée. — *Valogne c. préfet de Seine-et-Oise*, 25 février 1840.

231. La délibération des jurés peut être soit interrompue pour que ceux-ci prennent leur repas, soit même renvoyée au lendemain, sans qu'il y ait pour cela violation du deuxième alinéa de l'article 38. — *De Clermont c préfet de l'Oise.* 7 janvier 1845.

232. Le jury peut également, après avoir ordonné une mesure préparatoire, renvoyer la continuation de l'affaire à un autre jour. —*Préfet du Nord c. Féron*, 7 avril 1845.

233. Il peut aussi procéder à l'instruction et au jugement d'autres affaires pendant l'intervalle de temps laissé libre par cet ajournement régulièrement prononcé. — *Préfet des Bouches-du-Rhône c. Berthet*, 16 février 1846.

234. On ne pourrait se faire de cette circonstance un moyen de cassation contre la décision. — *Préfet du Nord c. Féron et autres*, 7 avril 1845.

235. L'article 38, en disposant que, après la clôture de l'instruction, les jurés se retirent dans la chambre pour délibérer sous la présidence de l'un d'eux, qu'ils désignent à l'instant même, n'interdit pas aux jurés de désigner leur président à une époque antérieure de leurs opérations, par exemple au moment où ils ont une délibération à prendre sur une mesure d'instruction préparatoire. — *Le maire de Clermont-Ferrand c. Bujadoux et autres*, 5 mars 1845.

236. Les jurés peuvent même délibérer valablement sur une mesure préparatoire, avant la clôture de l'instruction, sans avoir préalablement désigné un président. — *Préfet du Nord c. Féron*, 7 avril 1845. — *Léguillette c. préfet de l'Aisne*, 19 août 1843.

237. La désignation du président du jury est valablement faite en séance publique, au lieu de l'être en la chambre du conseil. L'article 38 n'a point interdit formellement cette faculté aux jurés. — *Sous-préfet de Saint-Pol c. Allard et autres*, 22 juillet 1839. — *Le préfet des Bouches-du-Rhône c. de Grignan*, 24 mars 1841.

238. Le fait de cette désignation résulte suffisamment de la qualification de président donnée à l'un des jurés par le procès-verbal des opérations, et de la signature du même juré avec mention de cette qualité sur la décision du jury.—*Le préfet des Bouches-du-Rhône c. Mille*, 2 février 1846.

239. L'introduction du magistrat directeur du jury, du greffier et de l'avocat de la partie dans la chambre des jurés, lorsqu'elle a été provoquée par le jury lui-même, dans la vue de s'éclairer sur la forme de la décision à rendre, et que d'ailleurs le secret de la délibération n'a pas été violé, n'est pas une cause de nullité de cette décision. — *Préfet de l'Hérault c. Glaize et Sagnier*, 2 janvier 1837. — *Thinières c. préfet du Lot*, 27 mars 1843. — *De Tantegnies c. préfet du Pas-de-Calais*, 3 mai 1843.

240. Le magistrat directeur peut même accompagner le jury dans la chambre de ses délibérations, quand il ne s'est agi alors pour le jury que de délibérer sur une simple mesure d'instruction relative, comme dans l'espèce à une visite de lieux. — *Préfet du Nord c. Feron*, arrêt déjà cité.

241. Dans ce cas, le magistrat directeur peut encore énoncer les moyens d'exécution par lui concertés avec le jury pour opérer la mesure d'instruction que le jury a décidée. — *Même arrêt.*

242. Il n'y a point infraction à la disposition du § 2 de l'article 38, parce que, pendant la délibération, un des jurés,

venant jusqu'au seuil de la porte de communication de leur chambre avec l'auditoire, aura demandé une pièce jugée par le jury nécessaire à sa délibération. — *Urbain et Picard c. Devienne et Duflot*, 27 février 1837.

243. Mais est nulle la délibération du jury, lorsqu'après la clôture de la discussion prononcée par le magistrat directeur, les jurés s'étant retirés immédiatement dans la chambre de leurs délibérations, une personne étrangère y est entrée en même temps qu'eux, y est restée un certain temps et n'en est sortie que sur l'injonction du magistrat directeur, l'instruction déclarée close s'étant ainsi continuée dans la chambre des délibérations des jurés, sans redevenir contradictoire. — *Le duc d'Aremberg c préfet du Nord*, 18 mars 1844.

244. Est également nulle la décision à laquelle a participé un juré qui, après que le jury s'était retiré dans la chambre de ses délibérations et avant que sa décision fut rendue, a communiqué avec des personnes du dehors, pendant le temps qui devait être exclusivement consacré à la délibération secrète du jury et nonobstant les injonctions du magistrat directeur.—*Préfet des Pyrénées-Orientales c. Pigade*, 20 août 1845.

245 Est nulle aussi la délibération à laquelle a pris part un individu qui ne faisait pas partie du jury, alors même qu'en retranchant cet individu du nombre des délibérants, les jurés seraient encore en nombre suffisant pour prendre une décision.—*Bérard c préfet de la Seine*, 6 décembre 1837.

246. La décision du jury doit, à peine de nullité, déterminer le montant précis de l'indemnité. Le jury ne peut se borner à en poser les bases, par exemple à accorder une indemnité de tant par are de terrain, sans exprimer le nombre d'ares ou de tant par pied d'arbres existant sur le ter-

rain exproprié, suivant leur position et leur distance du chemin pour lequel a lieu l'expropriation. — *Kœchlin c. Keutle*, 3 août 1840.—*Raimbault et autres*, 10 août 1841 —*Préfet de l'Aisne c. François*, 29 août 1843.

247. Est nulle, comme ne contenant pas la détermination d'une indemnité certaine et liquide, la décision du jury qui fixe à une somme déterminée l'indemnité due à l'exproprié à raison d'une avance prétendue faite par lui pour frais de percement (il s'agissait de l'élargissement d'une rue), sans expliquer si le montant de cette avance, en la supposant faite, venait en déduction de son évaluation ou devait y être ajoutée.—*Le préfet de la Seine c. Luce et Bedeau*, 9 février 1846.

248. Il y a violation formelle de la loi de la part du jury qui déclare borner l'évaluation de l'indemnité à une partie du terrain exproprié, sous le prétexte qu'en fait l'administration n'aurait pris possession que de cette partie; car, non-seulement, il n'appartient pas au jury de modifier la mission à lui conférée en vertu du jugement d'expropriation et son devoir est d'évaluer en son entier le terrain exproprié, mais encore il suivrait de là que le propriétaire serait exproprié d'une quantité de terrain plus considérable que celle pour laquelle une indemnité lui serait allouée.— *Barberon c. préfet de l'Indre*, 28 mai 1845.

249. L'esprit comme le texte de la loi veut que la fixation du montant de l'indemnité soit certaine et définitive. Si donc le montant de l'indemnité peut résulter suffisamment d'un chiffre monétaire multiplié par une mesure de terrain, il faut du moins que ces deux bases soient également déterminées et notamment que la contenance du terrain soit hors de toute incertitude.—*Préfet du Var c. Verlaque*, 15 janvier 1844.—*Héritiers Danzelot c. préfet de Seine-et-Oise*, 31 décembre 1850.

250. Est valable et régulière la décision du jury qui fixe l'indemnité au moyen d'une réponse affirmative à une question posée sur le point de savoir si l'indemnité doit être égale à la demande de l'exproprié en cette forme : *L'indemnité doit-elle être égale à la demande du sieur N.? Oui !— Préfet du Pas-de-Calais c. Bouchez*, 21 août 1843.

En effet, aucune formule sacramentelle n'est imposée par l'article 38 ; il n'est donc point interdit que cette décision soit rendue sous la forme d'une réponse à une question posée au jury ; il suffit que cette réponse soit claire et précise.

251. L'indemnité réglée a été préalable, complète et définitive, et le jury a pleinement satisfait à sa mission, lorsque la somme allouée a été accordée, tant pour la valeur intrinsèque du terrain exproprié que pour la dépréciation et que le jury a fait expressément entrer dans son allocation ces deux éléments, et sa décision ne peut être attaquée, parce qu'elle donne acte à l'exproprié de la réserve par lui faite de demander des dommages-intérêts auxquels pourraient donner lieu des cas éventuels.—*Chauvin c. préfet de la Charente*, 2 décembre 1846.

252. Mais, en disant que le jury fixe le montant de l'indemnité, l'article 38 ne lui a conféré mission que pour fixer l'indemnité du réglement de laquelle il est régulièrement saisi ; d'où il suit qu'en comprenant dans le montant de l'indemnité l'évaluation de parcelles non expropriées, le jury viole la loi.—*Cortyl c. chemin de fer du Nord*, 3 janvier 1848.—*Marcel c. chemin de fer du Nord*, 15 janvier 1849.

253. Cependant il en serait autrement si le propriétaire exproprié avait consenti expressément devant le jury à abandonner une contenance plus considérable que celle déterminée par le jugement d'expropriation. — *Le préfet du Bas-Rhin c. Roc-Reines*, 25 janvier 1848.

254. La décision du jury doit, à peine de nullité, répondre à toutes les questions qui lui ont été soumises par le magistrat directeur, à celles qui n'ont été motivées que par des offres subsidiaires faites dans le cours de l'instruction orale comme à toutes autres.—*Le préfet de la Marne c. Ponsard*, 25 février 1840.

255. Mais le jury n'est pas tenu de statuer sur l'éventualité résultant d'une offre additionnelle et hypothétique non acceptée par l'exproprié.*Luys c. préfet de la Seine*, 4 mars 1844.

Dans l'espèce, le demandeur, en intervenant devant le jury, précisait pour la première fois un chiffre d'indemnité qu'il portait à 40,000 francs pour le cas où le changement de communication entre un puits et un établissement de bains, qu'il avait pris à loyer, serait regardé comme une éviction de jouissance de ceux-ci. En réponse, le mandataire de l'administration offrait, pour cette hypothèse, 8,000 fr., ajoutant qu'il consentait à porter l'indemnité à 14,000 fr., si le demandeur était autorisé à laisser pour le compte de l'Etat le mobilier d'exploitation des bains ; mais le demandeur, en répliquant, s'était contenté de persister dans la réclamation de 40,000 fr. La cour considéra que le silence dans lequel il s'était tenu sur l'éventualité indiquée par l'administration, avait laissé tomber d'elle-même l'offre qui s'y rapportait ; en sorte que le jury n'avait plus eu à s'occuper que du cas unique de la simple dépossession des bains et à fixer la juste indemnité industrielle entre les 8,000 fr. offerts au nom de l'Etat et les 40,000 fr. réclamés par le locataire.

256. Il ne résulte d'aucune des dispositions de la loi l'obligation pour le jury de motiver sa décision, ni celle de spécifier chacun des éléments divers qui concourent à former l'indemnité qu'il est appelé à régler.—*Hanaire et Appay c. la ville de Paris*, 26 mai 1840.—*Delessert c. com-*

*pagnie du chemin de fer d'Orléans, 17 août 1840.—Regnier
c. préfet de la Manche, 27 août 1851*

257. Il n'est pas nécessaire que la décision du jury fasse mention qu'elle a été prise à la majorité.—*Commune de Chançay c. Guillemineau, 19 janvier 1835.*

258. Toutefois, la décision du jury se composant de tous les chefs de contestation sur lesquels il a prononcé, ces mots : *Cette décision prise à la majorité,* s'appliquent à la décision tout entière et non à la dernière de ses parties seulement.—*Parmentier, Carlier c Urbain et Picard,* 7 février 1837.

259. Il n'y a pas nullité du procès-verbal des opérations, par cela seul qu'il y est dit que la décision du jury a été rendue à l'unanimité.—*Thinières c. préfet du Lot,* 27 mars 1843.

260. L'article 141 du code de procédure civile n'est pas applicable au procès-verbal des opérations du jury ; en conséquence, ce procès-verbal est régulier, bien qu'il ne contienne ni point de fait et de droit, ni les conclusions des parties.—*Benoît c. préfet des Bouches-du-Rhône,* 12 juin 1843.

261. L'excès de pouvoir du jury qui, après la fixation de l'indemnité, aurait de nouveau délibéré, n'intéresse pas l'ordre public, et ne peut être opposé comme moyen de cassation par celui qui a provoqué cette nouvelle délibération. — *Parmentier, Carlier c. Urbain et Picard,* 7 février 1837.

262. Les dispositions du code d'instruction criminelle, relatives aux délibérations du jury, ne peuvent être invoquées en cette matière. La loi spéciale circonscrit les ouvertures à cassation qui peuvent être proposées contre les décisions du jury que cette loi institue.—*De Boubers c. le ministre du Commerce,* 9 juin 1834.

263. Il n'est pas nécessaire que l'ordonnance d'*exequatur* du magistrat directeur soit transcrite sur une minute séparée.—*Maury et autres c. préfet de la Haute-Vienne*, 15 avril 1840.

La loi, *a dit la Cour*, ne multiplie jamais les actes sans nécessité. Le procès-verbal tenu en exécution de l'article 34, destiné à faire partie des minutes du greffe du tribunal, contiendra, par conséquent, la minute de l'ordonnance d'*exequatur*, ainsi que celle de l'ordonnance d'envoi en possession, authentiquées par les signatures tant du juge que du greffier, et ainsi revêtues de toutes les solennités requises pour la complète légalité des actes émanés de l'autorité judiciaire.

264. Le magistrat directeur qui, au lieu d'*envoyer*, conformément à la loi, l'administration en possession des terrains expropriés, l'a *maintenue* dans cette possession, et l'a condamnée aux intérêts, à partir d'un jour déterminé, par lui assigné à l'occupation par elle-même de ces mêmes terrains, s'est arrogé une juridiction qui ne lui appartenait, ni en vertu de la loi générale de son institution, ni en vertu de la loi spéciale de la matière, et a violé, par excès de pouvoir, l'article 41.— *Le préfet de l'Hérault c. Glaize et Sagnier*, 2 janvier 1837.

265. L'ordonnance homologative de la décision du jury, par laquelle le magistrat directeur, en suivant cette décision, attribue à l'usufruitier la somme applicable à la superficie et au nu-propriétaire la somme applicable au sol, n'a pu rien juger ni préjuger sur les droits respectifs du nu-propriétaire et de l'usufruitier, qui demeurent libres de les exercer, ainsi qu'il appartiendra, alors que l'un d'eux a fait défaut dans l'instruction qui a précédé cette décision : par suite il n'y a pas lieu d'annuler cette ordonnance,—*La liste civile c. Charpentier*, 4 avril 1838.

266. La déclaration du jury et l'ordonnance du magistrat directeur ne doivent être portées à la connaissance des parties que par leur proclamation en audience publique et cette audience ne peut avoir lieu qu'en présence du jury ; autrement la décision et l'ordonnance sont rendues en violation de la loi.—*Saint-Michel c. commune de Villecerf*, 11 août 1845.

267. La publicité du prononcé de l'ordonnance d'*exequatur* et de la lecture de la décision du jury est suffisamment attestée par le procès-verbal dans les termes suivants : *fait et arrêté en la salle d'audience du tribunal*, et cette énonciation s'applique également aux débats devant le jury, qui dans le procès-verbal ne font qu'un seul contexte avec cette ordonnance. Arrêt Maury. – *Benoît c. préfet des Bouches-du-Rhône*, 12 juin 1843.

VII. *Des dépens.—Qui doit les supporter ?*

Art. 40 : « Si l'indemnité réglée par le jury ne dépasse pas l'offre de l'administration, les parties qui l'auront refusée seront condamnées aux dépens. Si l'indemnité est égale à la demande des parties, l'administration sera condamnée aux dépens. Si l'indemnité est à la fois supérieure à l'offre de l'administration, et inférieure à la demande des parties, les dépens seront compensés de manière à être supportés par les parties et l'administration, dans les proportions de leur offre ou de leur demande avec la décision du jury. Tout indemnitaire qui ne se trouvera pas dans le cas des articles 25 et 26 sera condamné aux dépens, quelle que soit l'estimation ultérieure du jury, s'il a omis de se conformer aux dispositions de l'article 24. »

Art. 41, 2e et 5e alinéas : « Ce magistrat (le magistrat directeur) taxe les dépens, dont le tarif est déterminé par un réglement d'administration publique (1). La taxe ne comprendra que les actes faits postérieurement à l'offre de l'administration ; les frais des actes antérieurs demeurent, dans tous les cas, à la charge de l'administration. »

268. Est nulle l'ordonnance du magistrat directeur qui ne statue pas sur le paiement des dépens. — *Préfet de l'Isère c. Lebrun et autres*, 23 mai 1842.

269. Lorsque l'indemnité accordée par le jury n'est qu'éventuelle et pour le cas où l'existence d'un bail, dont la résiliation y donne lieu, serait judiciairement reconnue, les dépens doivent être réservés jusqu'à la décision à intervenir sur le fond du droit.—*Labbé c. préfet de la Seine*, 1er mars 1843.

270. Si l'application que le magistrat directeur a faite de l'article 40, § 3 contient une erreur de calcul, cette erreur réparable par les voies de droit ne saurait constituer une ouverture à cassation.—*Concessionnaires de la Scarpe c. Favier*, 13 janvier 1840.

L'erreur de calcul qu'aurait commise le magistrat directeur, *a dit M. l'avocat-général Tarbé*, ne peut être un motif de cassation. Les parties doivent retourner devant

---

(1) V. l'ordonnance du 18 septembre 1833.

lui, soit pour qu'il interprète sa décision, soit pour qu'il rectifie son erreur, et alors *erroris calculi retractatio admittetur (L. 8, de administratione rerum).* En effet, si *calculi error in sententia esse dicatur , appellare necesse non est (L. 1, § 1. quœ sententiœ sine appellatione rescindantur);* la Cour de cassation est juge du droit et non du fait, et le moyen est de fait et non de droit (1).

---

(1) On nous saura peut-être gré de reproduire ici le moyen indiqué par ce magistrat pour arriver à une exacte application de la disposition de l'article 40.

Il faut d'abord trouver les rapports de la demande des parties et de l'offre de l'administration, avec la somme allouée par le jury; ensuite partager les dépens proportionnellement à ces rapports.

Or, on obtient ces rapports au moyen des deux proportions suivantes (en remarquant toutefois que la somme allouée par le jury étant inférieure à celle de la demande et supérieure à celle de l'offre, son rapport avec ces dernières sommes est en raison inverse pour l'une et en raison directe pour l'autre) :

$$5{,}000 \ (^*) \ : \ 35{,}000 \ (^{**}) \ :: \ 1 \ : \ x = 7$$
$$761{,}27 \ (^{***}) \ : \ 5{,}000 \ :: \ 1 \ : \ y = 6{,}568.$$

Ces rapports étant connus, il ne s'agit plus que de diviser les frais, au moyen d'une règle de société, en considérant 34 fr. 55 c. (somme totale des dépens alloués dans l'espèce de l'arrêt cité comme une perte que chaque associé devrait supporter en raison des deux mises 7 et 6,568.

Or, $7 + 6{,}568 = 13{,}568$, et l'on sait que la mise totale est au bénéfice ou à la perte totale, comme la mise particulière de l'un des associés est à son bénéfice ou à sa perte particulière. On aura donc les deux proportions suivantes :

$$13{,}568 : 34{,}55 :: \ 7 \ : x = 17{,}825, \text{ part de frais à supporter par l'ex-}$$
$$\text{proprié.}$$
$$13{,}568 : 34{,}55 :: 6{,}568 : y = 16{,}725, \text{ part de frais à supporter par les}$$
$$\text{concessionnaires}$$

Total......   34,5? 0.

(*) Somme allouée.
(**) Somme demandée.
(***) Somme offerte.

271. L'exproprié, qui n'a ni contesté les offres de l'administration, ni fait connaître le montant de ses prétentions, doit être condamné aux dépens. — *Méritan et autres c. maire d'Apt*, 12 janvier 1842.—*Préfet de la Vendée c. Pondevies*, 21 juin 1842.

272. Il en doit être de même pour le mineur exproprié, qui ne pourrait être allégé de cette disposition pénale, qu'autant que la somme allouée par le jury serait supérieure à celle offerte par l'administration.—*Préfet de la Nièvre c. héritiers Delamyre*, 24 août 1846.

273. L'administration, qui devant le jury ne s'est pas plainte de ce que la demande de l'exproprié lui aurait été notifiée tardivement et s'est bornée de la combattre au fond, et qui, après avoir succombé en partie, a été condamnée à supporter les dépens dans la proportion de l'offre et de la demande, n'est pas recevable à argumenter de l'irrégularité ou de la tardiveté de cette notification pour prétendre qu'il n'y a pas eu de demande et que par suite on ne pouvait prendre pour base de la condamnation aux dépens une demande qui n'existait pas.— *Préfet des Basses-Alpes c. de Villages*, 26 juin 1844.

274. Le magistrat directeur qui, en prononçant sur les dépens, a dit qu'ils seraient supportés par chaque propriétaire, d'une part, et par l'administration d'autre part, dans la proportion de leur offre et de leur demande avec la décision du jury, a fait une juste application de l'article 40 ; il n'est pas nécessaire que le chiffre tombant à la charge de chaque partie soit fixé dans l'ordonnance.—*Préfet de l'Hérault c. Jansen et autres*, 6 février 1844.

275. La fixation par le jury d'une indemnité alternative n'empêche pas le magistrat directeur de décider de la même manière, parce que son ordonnance ne met aucunement obstacle à ce que dans le règlement des dépens on ait égard

à cette alternative.—*Préfet du Nord c. Jaussonne; le même c. André*, 7 avril 1845.—*Le préfet des Bouches-du-Rhône c. Brest*, 17 juin 1846.

276. Le magistrat directeur, en condamnant l'exproprié, qui succombe, aux dépens, peut autoriser l'administration à les retenir sur le montant de l'indemnité dont elle est redevable—*Singer c. préfet de la Seine*, 30 avril 1844.

VIII. *Voie de recours contre la décision du jury et l'ordonnance du magistrat directeur.—Pour quelles causes, dans quelle forme et dans quel délai ?—Suites.*

Art. 42. « La décision du jury et l'ordonnance du magistrat directeur ne peuvent être attaquées que par la voie du recours en cassation, et seulement pour violation du premier paragraphe de l'article 50, de l'article 51, des deuxième et quatrième paragraphes de l'article 54, et des articles 55, 56, 57, 58, 59 et 40.—Le délai sera de quinze jours pour ce recours, qui sera d'ailleurs formé, notifié et jugé comme il est dit en l'article 20 ; il courra à partir du jour de la décision. »

Art. 45. « Lorsqu'une décision du jury aura été cassée, l'affaire sera renvoyée devant un nouveau jury choisi dans le même arrondissement.—Néanmoins la cour de cassation pourra, suivant les circonstances, renvoyer l'appréciation de l'indemnité à un jury choisi dans un des arrondissements voisins, quand même il appartiendrait à un autre département.—Il sera procédé, à cet effet, conformément à l'article 30. »

277. La comparution de la partie aux opérations du jury ne la rend pas non-recevable à opposer les nullités antérieures relatives à la formation et à la composition du jury. —*De Garel c. préfet de la Seine*, 22 novembre 1841.

Si une comparution volontaire, *porte l'arrêt*, et non accompagnée de réserves, couvre nécessairement les nullités qui ne résultent que de l'inobservation de délais impartis par la loi, il n'en est pas de même des nullités invoquées dans l'espèce.

278. Le pourvoi en cassation n'est pas ouvert contre la décision du jury spécial pour prétendue violation des articles 32 et 33.—*De Boubers c. le ministre du Commerce*, 9 juin 1834.

279. La violation du § 2 de l'article 30 ne donne pas davantage ouverture à cassation.—*Léguillette c. préfet de l'Aisne*, 19 août 1846.

280. Mais est nulle et donne ouverture à cassation, la décision du jury qui n'a pas été précédée de la notification à l'exproprié des noms des jurés, et du jour et du lieu de leur réunion.- *N. c. N.*, 5 janvier 1848.—*Carlot-Parquin c. ville de Paris*, 2 avril 1849.

Dans l'espèce, le directeur du jury avait procédé à la radiation et au remplacement d'un juré en l'absence des parties et de leur défenseur.

281. Le propriétaire exproprié d'un fond donné à bail, qui seul a demandé une indemnité et à qui il en a été accordé une, n'est pas recevable à attaquer la décision du jury sous prétexte qu'aucune indemnité n'a été accordée à son locataire, qui n'a pas réclamé et au nom duquel personne

n'a réclamé.—*Thinières c. préfet du Lot*, 27 mars 1845.—
Mouruan c. l'Etat, 26 avril 1843.

Dans l'espèce de l'arrêt du 27 mars, le propriétaire avait
fait connaître l'existence du fermier.

Dans l'autre espèce, le jugement d'expropriation n'avait
pas été signifié au locataire, quoique l'existence du bail eut
été dénoncée à l'administration. Le locataire était présent
devant le jury.

282. La partie qui, devant le jury chargé de déterminer
l'indemnité d'expropriation d'un terrain soumis à une servitude militaire, et sur lequel elle a élevé des constructions,
n'a pas excipé de l'existence d'une instance administrative
sur le point de savoir si ces constructions avaient été ou
non élevées en contravention aux lois sur les servitudes militaires, n'est pas recevable à se prévaloir de cette instance
pour la première fois devant la Cour de cassation et à soutenir que le jury n'avait pas été mis à même de fixer l'indemnité en connaissance de cause.—*De Salaze c. préfet du
Var*, 28 novembre 1843.

283. La déclaration de pourvoi faite par un mandataire
est valable, bien que le pourvoi ne soit pas enregistré.—
Houzet c. préfet du Nord et ville de Roubaix, 18 janvier
1837.

L'arrêt pose également en principe qu'il en serait de même,
le mandataire ne fût-il qu'un mandataire verbal, parce que
le fait de celui-ci devient le fait du mandant, lorsque celui-ci
le ratifie, loin de le désavouer.

284. Le mari d'une femme séparée de biens, qui, en sa
qualité de bailleur, a fait connaître à l'administration et au
jury les prétentions à une indemnité élevées par sa femme
en qualité de locataire, n'est pas recevable à se pourvoir
seul et sans le concours de celle-ci contre la décision intervenue sur les conclusions de sa femme relativement à son

indemnité.—*François c. commune de la Villette*, 5 mars 1844.

285. Mais est recevable le pourvoi formé par un seul cohéritier, tant en son nom qu'au nom de ses cohéritiers, alors surtout que, devant le jury, il a fait valoir à la fois, pour lui et eux, les moyens propres à défendre leurs droits dans le réglement de l'indemnité pour des biens dépendants d'une succession indivise. —*Héritiers Donzelot c. le préfet de Seine-et-Oise*, 31 décembre 1850

286. Il faut en cette matière, comme en toute autre, consigner une amende sur le pourvoi en cassation.—*Arizoli c. Pereire*, 2 janvier 1837.

287. Cette amende est de 75 francs. Le demandeur qui succombe ou dont le pourvoi est déclaré non-recevable, est passible d'une amende de 75 francs envers le trésor public, et d'une indemnité de 37 francs 50 centimes envers la partie adverse, aux termes des articles 5 et 25, titre 4, 1re partie du réglement de 1738.—*Commune de Saint-Vincent-de-Paule c. préfet de la Gironde*, 22 juillet 1839.

288. Le pourvoi en cassation doit être formé dans le délai de quinze jours et notifié dans la huitaine, sous peine de déchéance.—*Ville de Paris c. Charnay et autres*, 26 janvier 1841.

289. Le délai pour se pourvoir en cassation contre une décision du magistrat directeur, qui statue sur la composition du jury, court non du jour de cette décision, mais du jour de la décision définitive du jury—*Préfet des Bouches-du-Rhône c. Lombardon et autres.* 2 février 1846.

290. Dans le délai de quinze jours ne sont compris ni le jour de la décision, ni le jour de l'échéance : est valable le pourvoi formé le 23 contre une décision du 7.—*Préfet de la Côte-d'Or c. commune de Chazilly*, 11 janvier 1836.

La Cour de cassation a dit : Les principes généraux de

la procédure sur la computation des délais doivent être appliqués aux délais fixés par des lois spéciales, toutes les fois que ces lois ne contiennent pas de dispositions contraires.

291. Lorsque le demandeur, après avoir notifié au défendeur le pourvoi qu'il forme contre la décision du jury d'expropriation, laisse écouler plus de quinzaine sans adresser les pièces à la chambre civile de la Cour de cassation, le pourvoi doit être rejeté, alors surtout qu'au jour où la Cour prononce aucune production n'a encore été faite.—*Préfet du Finistère c. Lehir*, 30 mai 1842.

292. L'article 42 en énumérant limitativement les seuls articles dont la violation donne ouverture à cassation a indiqué le § 1er de l'article 30, et a, par là, manifesté clairement la volonté de ne point comprendre au nombre des ouvertures à cassation la violation des paragraphes subséquents dudit article.—*Lacoste-de-l'Isle c. préfet de Tarn-et-Garonne*, 26 mai 1846.

293. Dans le cas où aucune notification n'a été faite à l'exproprié, soit du jugement d'expropriation, soit de la liste des jurés et du jour de leur réunion, le délai du pourvoi contre la décision du jury, court non du jour même de cette décision, mais du jour de la signification à personne ou domicile de l'exproprié.—*N..... c. N.....*, 5 janvier 1848. —*Carlot-Parquin, c. ville de Paris*, 2 avril 1849.

294. Le pourvoi en cassation formé contre la décision du jury doit, à peine de nullité, être déclaré au greffe du tribunal dans l'arrondissement duquel le jury a siégé.— *Préfet du Bas-Rhin c. ville de Schelestudt*, 20 août 1844.

295. Lorsque la décision du jury se trouve cassée, le tribunal devant lequel l'affaire est renvoyée doit, aux termes de l'article 43, renvoyer lui-même devant un jury

choisi dans l'arroudissement du tribunal dont le jugement
a été cassé.—*Dumarest c. Millet et Henry*, 11 mai 1845.

CHAPITRE III.—DES RÈGLES A SUIVRE POUR LA FIXATION DES INDEMNITÉS.

   I. COMMENT ET EN FAVEUR DE QUI LES INDEMNITÉS SONT-ELLES PRONONCÉES? EN QUOI DOIVENT-ELLES CONSISTER?

   II. D'APRÈS QUELLES BASES SE FAIT LE RÉGLEMENT DES INDEMNITÉS ET DANS QUEL DÉLAI?

III. DE L'EXPROPRIATION PARTIELLE.

IV. CE QUI ARRIVE LORSQU'IL Y A LITIGE SUR LE FOND DU DROIT OU LA QUALITÉ DES RÉCLAMANTS ET LORSQUE LE DROIT A L'INDEMNITÉ EST CONTESTÉ PAR L'ADMINISTRATION.

*I.—Comment et en faveur de qui les indemnités sont-elles
prononcées? En quoi doivent-elles consister?*

Art. 39, 1er, 2e et 5e alinéas: « Le jury prononce
des indemnités distinctes en faveur des parties
qui les réclament à des titres différents, comme
propriétaires, fermiers, locataires, usagers et autres intéressés dont il est parlé à l'article 21.—
Dans le cas d'usufruit, une seule indemnité est
fixée par le jury, eu égard à la valeur totale de
l'immeuble; le nu-propriétaire et l'usufruitier
exercent leurs droits sur le montant de l'indemnité au lieu de l'exercer sur la chose.—L'usufruitier sera tenu de donner caution; les père et

mère ayant l'usufruit légal des biens de leurs enfants en seront seuls dispensés. »

296. Tous ceux qui, soit propriétaires, soit locataires ou fermiers, ont, à cause de l'expropriation, droit à des indemnités, en doivent être distinctement investis par la décision du jury, laquelle doit terminer tous débats entre eux, et ne leur laisser aucun droit ultérieur à exercer les uns contre les autres devant les tribunaux. — *Cherrin, Trochu et autres c. commune de la Croix-Rousse*, 31 décembre 1838.

Dans l'espèce, il s'agissait de locataires, et le jury, qui avait fixé des indemnités pour chacun d'eux distinctement, avait en même temps prononcé par une décision expresse que : « ces indemnités n'étaient déterminées qu'à raison du trouble qu'ils éprouveraient et qu'ils s'entendraient pour la diminution du prix ou la résiliation de leurs baux, comme bon leur semblerait avec les propriétaires, tous leurs droits respectifs demeurant réservés. » Or, décider ainsi, c'était réserver aux uns et aux autres des procès que la loi a voulu prévenir et tarir dans leur source même, c'était conséquemment violer cette même loi.

297. Lors qu'aucun locataire n'a été mis en cause, conformément à l'article 21, soit par appel du propriétaire, soit par intervention personnelle, et que le propriétaire s'est borné à faire, en termes généraux, dans son exploit de demande d'indemnité, réserve de tous les droits et actions des sous-locataires, il n'y a pas lieu pour le jury à fixer une indemnité en faveur des locataires ou sous-locataires, qui ne sont ni présents ni appelés en cause, et au nom ou dans l'intérêt desquels il n'apparaît au procès ni d'une demande expresse, ni même d'une indication quelconque d'un chiffre d'indemnité. — *Leveau c. ville de Saint Denis*, 19 mars 1849.

298. Est valable la décision du jury qui n'a fixé qu'une seule indemnité pour un terrain possédé par deux co-propriétaires, lorsqu'aucune circonstance ne lui a fait connaître l'existence des deux co-propriétaires, et que l'expropriation a été poursuivie contre un seul pour le tout. — *Méritan et autres c. maire d'Apt*, 12 janvier 1842.

299. Est également valable la décision du jury, lorsqu'il a statué collectivement sur le réglement de l'indemnité due pour les trois parcelles dont l'expropriation avait été prononcée par un même jugement et dont le réglement a donné lieu à une seule et même instruction. — *Le préfet des Bouches-du-Rhône c. Brest*, 17 juin 1846.

300. Si la décision du jury, en fixant une seule indemnité eu égard à la valeur totale de l'immeuble soumis à l'usufruit, ajoute : laquelle indemnité est applicable, savoir : pour telle somme à la valeur du sol et pour telle autre à la superficie, cette décision ne cesse pas pour cela d'être une. — *La liste civile c Charpentier*, 4 avril 1838.

301. Lorsque plusieurs indemnités sont réclamées pour divers préjudices résultant de la dépossession des lieux occupés par le réclamant, et que ces indemnités sont toutes demandées au même titre par le locataire exproprié, le jury peut, sans violer aucune loi, au lieu d'accorder autant d'indemnités distinctes qu'il y a de chefs de demandes, les réunir toutes dans une indemnité unique. — *Hanaire et Appay c. la ville de Paris*, 26 mai 1840. — *Delessert c. la Compagnie du chemin de fer d Orléans*. 17 août 1840. — *Benoît c. préfet des Bouches-du-Rhône*, 12 juin 1843. — *Chemin de fer de Saint-Germain c. préfet de la Seine*, 3 janvier 1844. — *Alliot c. le préfet de la Seine-Inférieure*, 22 août 1849. — *Hubert c. préfet de la Seine*, 27 mai 1851.

302. Le jury doit se borner à prononcer les indemnités dues : il excède ses pouvoirs quand il dit qu'elles partiront

du jour (indéterminé) du commencement des travaux et jusqu'à telle ou telle époque.—*Cherrin, Trochu et autres c. commune de la Croix-Rousse*, 31 décembre 1838.

Le jury, *porte l'arrêt*, n'a, suivant l'article 39, d'autre mission que celle de régler l'indemnité. La détermination de l'époque de la prise de possession des terrains expropriés, et par conséquent celle de l'exigibilité de cette indemnité doit, suivant l'article 11, être l'œuvre de l'administration seule à laquelle cet article enjoint de fixer cette époque. La loi a pourvu par son article 55 à l'intérêt légitime des indemnitaires, en statuant que les intérêts de l'indemnité courront de plein droit à l'expiration du délai de six mois, à partir du jugement d'expropriation.

303. Le jury n'ayant mission que pour allouer la véritable valeur de l'immeuble atteint par l'expropriation, ne doit donc pas déterminer à partir de quelle époque devront courir les intérêts fondés sur la prise de possession —*Manoury c. préfet de la Seine*, 20 mai 1845.—*Préfet des Bouches-du-Rhône c. Desplans*, 1er juillet 1845.

304. Toutefois, il a été jugé que le jury, en fixant un chiffre principal d'indemnité et en y ajoutant l'allocation d'intérêts à cinq pour cent, à partir du jour où l'administration a pris possession des parcelles, a clairement déterminé le montant de l'indemnité.—*Préfet des Bouches-du-Rhône c. hospice de Vitrolles*, 16 février 1846.

305. Le jury qui fixe une indemnité pour des matériaux, n'est pas tenu de faire connaître les éléments de son évaluation, c'est-à-dire s'il les a mesurés et pesés.—*Leveau c. ville de Saint-Denis*, 19 mars 1849.

306. L'indemnité à payer ne peut consister que dans la prestation d'une somme d'argent mise immédiatement à la disposition de l'exproprié et non dans la prestation d'une rente ou redevance annuelle.—*Même arrêt Cherrin.—Pré-*

fet de l'Oise contre la Compagnie du Chemin de fer de Versailles, 19 décembre 1838.— *Castex c. le préfet de Tarn-et-Garonne,* 3 juillet 1843.— *Préfet du Nord c. Blanquard,* 19 juillet 1843 —*Maury c. la commune de la Rouvière,* 2 janvier 1844.—*Dutertre, même date.*

307. Toutefois le jury peut réserver à l'exproprié, sur sa demande, certains objets incorporés à la maison expropriée, tels que glaces, cheminées, etc., et même des matériaux, sans violer la règle qui veut que l'indemnité soit seulement une somme déterminée en argent. — *Préfet du Pas-de-Calais c, Bouchez,* 21 août 1843. — *La ville du Mas-d'Agénais c. Lacoste,* 2 juin 1845.— *Duval c. préfet de la Seine,* 24 décembre 1851.

308. La décision du jury, qui laisse à l'administration la faculté d'une option au moyen de laquelle il lui sera loisible de s'affranchir du paiement de l'indemnité réglée, ainsi que l'irrégularité que le jury peut avoir commise, en ne fixant pas une somme déterminée pour chacun des objets mis à la charge de l'administration, ne constituent ni un empiétement sur les attributions de l'autorité administrative, ni des ouvertures à cassation autorisées et prévues par l'article 42.—*Préfet de la Côte-d'Or c. la commune de Chazilly,* 11 janvier 1836.

309. La mission du jury étant restreinte au réglement de l'indemnité, pour le terrain exproprié, il n'a point à s'occuper de réserves étrangères à ce réglement, et qui d'ailleurs dans certains cas mettraient en question l'autorité de la chose jugée par le jugement d'expropriation.—*Regnier c. préfet de la Manche,* 27 août 1851.

310. Observation.—L'obligation imposée à l'usufruitier de fournir caution avait soulevé une vive opposition lors de la discussion de la loi du 7 juillet 1833; on faisait remarquer qu'elle porterait atteinte, dans un grand nombre

de circonstances, aux conventions des parties. On craignait ainsi que cette disposition n'eût pour résultat d'anéantir le droit de l'usufruitier, si celui-ci ne pouvait pas trouver une caution.

Cette crainte était évidemment mal fondée, ainsi que l'avait dit M. le commissaire du roi à la chambre des pairs; et la disposition a été maintenue en 1841.

Si l'usufruitier ne trouvait pas de caution, la somme serait placée et il en toucherait l'intérêt, aux termes de l'article 602 du Code Napoléon.

II.—*D'après quelles bases se fait le réglement des indemnités et dans quel délai.*

Art. 59 *in fine* : « L'indemnité allouée par le jury ne peut, en aucun cas, être inférieure aux offres de l'administration, ni supérieure à la demande de la partie intéressée.

Art. 48 : « Le jury est juge de la sincérité des titres et de l'effet des actes qui seraient de nature à modifier l'évaluation de l'indemnité.

Art. 51 : « Si l'exécution des travaux doit procurer une augmentation de valeur immédiate et spéciale au restant de la propriété, cette augmentation sera prise en considération dans l'évaluation du montant de l'indemnité.

Art. 52 : « Les constructions, plantations et améliorations ne donneront lieu à aucune indemnité, lorsque, à raison de l'époque où elles auront été faites ou de toutes autres circonstances dont l'appréciation lui est abandonnée, le jury acquiert la conviction qu'elles ont été faites dans la vue d'obtenir une indemnité plus élevée.

Art. 55, 1er alinéa : Si, dans les six mois du jugement d'expropriation, l'administration ne poursuit pas la fixation de l'indemnité, les parties pourront exiger qu'il soit procédé à ladite fixation. »

311. De ce que le jury ne peut allouer une indemnité supérieure à la demande de la partie intéressée, il suit que si cette partie n'a formé devant le jury aucune demande, elle est réputée avoir acquiescé aux offres de l'administration et le jury ne peut lui allouer une indemnité supérieure à ces offres.—*Préfet de l'Aveyron c. Albin et Peyayrolles*, 23 février 1842.

312. Il en doit être de même si, tout en contestant la suffisance des offres de l'administration, l'exproprié n'a point notifié une demande d'indemnité supérieure auxdites offres. —*Préfet du Cantal c. Dessieur et Greliche*, 2 janvier 1849.

313. La partie expropriée peut, par des conclusions nouvelles prises devant le jury, réclamer une indemnité plus élevée que celle qui avait été déterminée dans la demande par elle notifiée et non acceptée par l'administration.—*Préfet des Bouches-du-Rhône, c. Turcat*, 13 mai 1846.

314. L'exproprié peut aussi, devant le jury, réclamer une indemnité distincte de celle qui fait l'objet de sa demande primitive, à raison de causes de dépréciation dont il avait omis de parler dans cette demande —*De Joybert c. le préfet de la Marne*, 11 avril 1843.

315. Pour échapper à la prohibition de la disposition fi-

nale de l'art 39, on objecterait vainement que le silence gardé par le jury, quant à l'exécution de travaux réclamés par l'exproprié, doit faire supposer que la somme allouée, qui dépasse celle même qui avait été demandée par celui-ci, est le dédommagement de l'ouvrage non concédé.—*Compagnie des mines de Montrambert et de Gaillard*, 15 juillet 1844.

316. Si, tout en acceptant l'offre qui lui a été faite par l'administration pour la valeur intrinsèque du terrain exproprié, le propriétaire a réclamé une indemnité à raison de la dépréciation qui en résultait, selon lui, pour le surplus de sa propriété, cette déclaration est *indivisible*, et le jury qui accorde une indemnité supérieure à l'offre acceptée, mais inférieure au chiffre total de cette offre et de la demande de l'indemnité de dépréciation réunies, ne contrevient pas à la disposition finale de l'article 39.—*Préfet de Seine-et-Oise c. Demay*, 29 avril 1844.

317. Un acquiescement formel à la demande de la partie expropriée pourrait seul dispenser le jury de la nécessité de régler l'indemnité.—*Emeric Party c. le préfet des Bouches-du-Rhône*, 2 février 1848.

318. Lorsque l'offre de l'indemnité est d'une somme de.., les matériaux de démolition devant rester à l'exproprié, et que la demande de celui-ci est d'une somme plus élevée sous cette condition de garder les matériaux et une parcelle de terrain, les jurés ne violent pas davantage la règle qui leur défend d'accorder une indemnité supérieure à celle qui est demandée, en allouant à l'exproprié une somme d'argent supérieure à celle qu'il avait réclamée, alors qu'ils appliquent cette somme tant à l'indemnité principale qu'au prix des matériaux et de la parcelle de terrain que l'exproprié demandait à conserver et qu'il ne conserve pas. — *Préfet de l'Allier c. Henry*, 4 mars 1845.

319. Mais il y a violation de la règle qui défend d'allouer une indemnité supérieure à la demande de l'exproprié dans la décision par laquelle le jury a non-seulement alloué la somme réclamée, mais a réservé en outre à l'exproprié des matériaux qu'il n'avait pas demandé à garder —*La ville de Mas-d'Agenais c. Lacoste*, 2 juin 1845.

320. Lorsque, nonobstant l'acceptation des offres à lui faites, l'exproprié est cité devant le jury pour voir statuer sur les offres et que, devant le jury, l'administration se borne à contester au fond la demande supérieure qui est formée par l'exproprié, elle n'est pas recevable à se plaindre ultérieurement de ce que le jury a alloué au défendeur une indemnité supérieure aux offres qu'elle avait faites et qui avaient été acceptées.—*Préfet d'Ille-et-Vilaine c. Thomas*, 30 décembre 1842.

321. Ces mots de l'article 29 : *Indemnités dues par suite d'expropriation pour cause d'utilité publique* comprennent, dans leur latitude, plein pouvoir d'apprécier non-seulement la valeur intrinsèque du terrain exproprié, mais encore celle des avantages qui étaient attachés à leur possession et dont la privation sera la suite de l'expropriation : telle serait la privation de droits de servitude réelle, ainsi que le dommage résultant pour le surplus de la propriété et les causes de dépréciation.—*Bartier et Nœmenroa c. le préfet de la Seine*, 9 décembre 1835.—*Préfet de la Côte-d'Or c. la commune de Chazilly*, 11 janvier 1836.—*Delessert c. la compagnie du chemin de fer d'Orléans*, 17 août 1840.—*Dejoybert c. le préfet de la Marne*, 11 avril 1843.—*Préfet de Seine-et-Oise c. Demay*, 29 avril 1844.

322. Mais le jury appelé à fixer l'indemnité d'expropriation d'un terrain duquel dépend une usine placée sur une rivière navigable ne peut, sans excéder ses pouvoirs, et alors que l'expropriation de l'usine n'est pas poursuivie, fixer

une indemnité éventuelle pour le cas où l'expropriation du terrain amenerait la suppression de l'usine. Le droit du propriétaire à une indemnité pour cette suppression dépend du droit qu'il peut avoir à la conservation de son usine, ce qui constitue une question préjudicielle, qui ne peut être appréciée que par l'autorité administrative. —*Préfet du Lot c. Lacroux-Lacoste*, 16 juillet 1844.

323. Si l'article 48 rend le jury juge de la sincérité des titres et de l'effet des actes, c'est seulement lorsqu'ils seraient de nature à modifier l'évaluation de l'indemnité, et non lorsque le litige sur les titres et actes porte sur le fond même du droit et sur la qualité des réclamants. — *Labbé c. le préfet de la Seine*, 1er mars 1843.

324. Ainsi, lorsque l'administration, qui exproprie, conteste au réclamant son droit à une indemnité, le jury doit, sans s'arrêter à ce litige sur le fond, dont le jugement est renvoyé devant les tribunaux compétents, déterminer une indemnité dont la délivrance est suspendue jusqu'à ce que le litige ait été vidé entre les parties. L'allocation par le jury d'une indemnité ne constitue aucun préjugé au profit du réclamant —*Préfet de la Seine c. Labbé*, 2 février 1847.

325. La plus value résultant pour une maison, dont une partie est expropriée pour faire le prolongement d'une rue, du fait de ce prolongement, est suffisamment *spéciale* et *immédiate*, lorsque le jury a spécifié la maison et déclaré que la plus value résulterait de la démolition même qui serait effectuée par les propriétaires expropriés suivant l'offre qu'ils en avaient faite, de sorte qu'elle peut entrer comme élément dans la fixation de l'indemnité. - *Hanaire et Appay c la ville de Paris*, 26 mai 1840.

326. Mais si le jury est autorisé à prendre en considération dans l'évaluation de l'indemnité l'augmentation de valeur immédiate et spéciale que l'exécution des travaux

pourra procurer au restant de la propriété, il n'est pas pour cela dispensé d'évaluer une indemnité qui est la conséquence nécessaire de l'expropriation même, ni autorisé à compenser et absorber cette indemnité par le montant arbitraire et indéfini d'une plus value purement conjecturale, incertaine et qui pourra être démentie par l'événement. — *Entre les mêmes parties*, 28 août 1839. — *Bardout c. le préfet de l'Orne*, 28 février 1848.

327. Lorsqu'un propriétaire, exproprié de partie d'une maison, a porté dans ses conclusions, outre les frais de reconstruction, pour lesquels une indemnité pouvait être réclamée, les frais de démolition qui n'étaient pas à sa charge, et qu'il a demandé une somme de...., les vieux matériaux devant lui rester, il appartient au jury de réduire la somme demandée pour cet ensemble de travaux et de n'accorder pour indemnité de reconstruction que les vieux matériaux. — *Entre les mêmes parties*, 26 mai 1840.

328. Lorsqu'il est reconnu par l'administration que la nécessité, dans laquelle se trouve un propriétaire de placer des rampes pour donner accès à ses propriétés, donne lieu à une indemnité, l'engagement que prend l'administration d'établir ces rampes à ses frais ne dispense pas le jury de fixer éventuellement une indemnité pour le cas où elles ne seraient pas faites. — *Dupontavice c. la commune de Chatelier*, 11 décembre 1843.

329. Aussi, est nulle la décision du jury qui, au lieu de se borner à fixer avec précision, en une somme d'argent, le montant de l'indemnité, impose, en outre, à l'administration, par voie alternative et en des termes pouvant donner lieu à des contestations ultérieures, l'obligation de faire en nature certains travaux que le jury n'avait pas la mission et le pouvoir de déterminer. — *Préfet des Bouches-du-Rhône c. Gros*, 16 février 1846.

330. Le délai de six mois à partir du jugement d'expropriation, pendant lequel l'article 55 réserve à l'administration l'exercice exclusif des poursuites à fin de fixation de l'indemnité, court, lorsqu'il y a eu expropriation amiablement consentie et exécutée avant tout jugement, à partir des actes administratifs, qui ont consommé la dépossession, et non à partir du jugement ultérieur, qui se borne à nommer un magistrat directeur. — *Préfet de l'Hérault c. Jancen et autres*, 6 février 1844.

III. — *De l'expropriation partielle.*

Art. 50 : « Les bâtiments dont il est nécessaire d'acquérir une portion pour cause d'utilité publique seront achetés en entier, si les propriétaires le requièrent par une déclaration formelle adressée au magistrat directeur du jury dans les délais énoncés aux articles 24 et 27.

« Il en sera de même de toute parcelle de terrain qui, par suite du morcellement, se trouvera réduite au quart de sa contenance totale, si toutefois le propriétaire ne possède aucun terrain immédiatement contigu, et si la parcelle ainsi réduite est inférieure à dix ares. »

331. Lorsque le propriétaire d'une maison expropriée en partie conclut à ce que la totalité de la maison soit acquise, le jury doit, à peine de nullité, fixer deux indemnités hypothétiques, l'une pour le cas d'expropriation partielle, l'autre pour celui d'acquisition totale. — *Viel c. la compagnie du Chemin de fer de Versailles*, 25 mars 1839. — *Corneille c.*

Berneck-Philipon, 15 mai 1843 — *Laprade c. le préfet de la Haute-Vienne*, 22 mars 1847. — *Leveau c. la ville de Saint-Denis*, 19 mars 1849.

232. Le magistrat directeur, qui refuse dans le cas ci-dessus de faire statuer le jury sur les indemnités différentes qui seraient dues au propriétaire dans tel ou tel cas, commet un excès de pouvoir. — *Charrière c. la ville du Mans* 24 août 1838.

333. Lorsqu'il y a expropriation de partie seulement d'une maison louée, le jury doit fixer l'indemnité afférente au locataire dans une double hypothèse : 1° le cas où il serait dépossédé de la totalité de sa location ; 2° le cas où il serait maintenu dans la partie des lieux par lui occupés, qui n'est pas atteinte par le jugement d'expropriation. — *Roger et autres c. lé préfet de la Seine*, 3 avril 1839. — *Charnay c. le préfet de la Seine.*—*Lachiche c. le même.*—*Galopin c. le même*, 5 février 1840.

334. Dans le cas de l'expropriation partielle, *soit* de partie d'un terrain donné à bail emphitéotique, le jury ne peut allouer une indemnité composée à la fois d'argent et de la rentrée en jouissance du restant du terrain ; l'indemnité dans ce cas doit encore consister exclusivement en une somme d'argent. — *Préfet du Nord c. Blanquard*, 19 juillet 1843.

335. OB ERVATION. De la discussion à laquelle la rédaction de l'article 50 a donné lieu il résulte que, si l'administration prenait *par exemple* la cour ou le jardin attenant à des bâtiments, le propriétaire ne pourrait se prévaloir de cet article pour obliger l'administration de prendre aussi les bâtiments. C'est pourquoi il a été bien entendu que l'indemnité devrait être calculée non pas seulement à raison du terrain enlevé, mais aussi en raison de la dépréciation qu'éprouverait la maison privée d'une cour ou d'un jardin.

IV. — *Ce qui arrive lorsqu'il y a litige sur le fond du droit des réclamants, et lorsque le droit à l'indemnité est contesté par l'administration.*

Art. 39, 4ᵉ alinéa : « Lorsqu'il y a litige sur le fond du droit ou sur la qualité des réclamants, et toutes les fois qu'il s'élève des difficultés étrangères à la fixation du montant de l'indemnité, le jury règle l'indemnité indépendamment de ces litiges et difficultés, sur lesquels les parties sont renvoyées à se pourvoir devant qui de droit. »

Art. 49 : « Dans le cas où l'administration contesterait au détenteur exproprié le droit à une indemnité, le jury, sans s'arrêter à la contestation dont il renvoie le jugement devant qui de droit, fixe l'indemnité comme si elle était due, et le magistrat directeur du jury en ordonne la consignation pour que ladite indemnité reste déposée jusqu'à ce que les parties se soient entendues ou que le litige soit vidé. »

336. Le jury n'ayant mission que d'évaluer les indemnités dues à raison des expropriations judiciairement ordonnées, on ne peut considérer comme un litige sur le fond du droit, donnant lieu à une indemnité éventuelle, l'allégation de la possibilité d'un dommage futur, à naître d'un événement ultérieur et incertain, tel que serait, comme dans l'arrêt Godefroy, l'établissement d'une servitude militaire qui, dans un temps plus ou moins éloigné, viendrait à gre-

ver les terrains avoisinant les fortifications de Paris. — *Préfet du Nord c. André. — Riadec-Montborne c. préfet du Nord,* 7 avril 1845. — *Godefroy c. préfet de la Seine,* 17 décembre 1845.

337. Ni le jury ni le magistrat directeur n'ont qualité pour juger la prétention du propriétaire d'un immeuble dont on réclame l'expropriation partielle, à ce que cette expropriation comprenne l'immeuble tout entier ; cela constitue un litige sur le fond du droit. — *Charrière c. la ville du Mans,* 21 août 1838.

338. Lorsque un terrain dont l'expropriation a été prononcée est revendiqué pour partie par un tiers, le jury doit pourvoir éventuellement à toutes les solutions possibles des questions qui s'élèvent, par conséquent fixer deux indemnités. — *L'administration de la guerre c. Saurin,* 21 août 1838.

339. Il en doit être de même lorsque l'indemnité réclamée a été contestée en partie par l'administration, sur le motif qu'une portion du terrain exproprié appartiendrait au domaine de l'Etat, et qu'il a été conclu à ce que le jury fixe une indemnité unique sans dire pour quelle somme elle y comprend la partie contestée ni même si elle l'y comprend. — *Manechalle et Bruneau c. préfet du Rhône,* 5 mars 1844.

340. Le jury ne peut pareillement se dispenser de fixer hypothétiquement l'indemnité réclamée par l'exproprié à raison de la suppression d'un droit dont la légalité est contestée : il ne peut se borner à réserver pour l'avenir les droits de la partie expropriée. — *Godefroy c. préfet de la Seine,* 17 décembre 1845.

341. Si un intéressé, qui est déclaré par le propriétaire inscrit sur la matrice du rôle comme n'ayant qu'un droit de servitude, a déjà réclamé, par acte notifié à l'administration, des droits de propriété, le jury doit, en renvoyant

les parties devant les juges compétents, fixer à l'égard du réclamant une double indemnité alternative, l'une pour le cas où il n'aurait droit qu'à une servitude, l'autre pour le cas où il serait propriétaire. — *Vaissier c. préfet du Doubs*, 6 décembre 1842.

342. Lorsque le locataire d'un immeuble exproprié prétend avoir droit à une indemnité, et que cette indemnité lui est refusée, le jury d'expropriation auquel la demande est soumise, ne peut, sans excès de pouvoirs, décider qu'il n'est dû aucune indemnité : il doit fixer l'indemnité comme si elle était due, et renvoyer les parties devant les juges compétents.—*Zanole c. ville d'Orléans*, 9 juillet 1839.

343. Le jury ne peut pas plus, sans excéder ses pouvoirs, juger la question de propriété, en divisant entre les réclamants l'indemnité affectée à la propriété et celle affectée à l'usage, lorsque deux individus que l'administration offre d'indemniser, l'un comme propriétaire, l'autre comme usager, prétendent tous les deux à la propriété de l'immeuble exproprié. — *Préfet de la Meurthe c. communes d'Einville et Louviot*, 21 août 1844.

344. Mais le jury, en réglant l'indemnité au profit des seules personnes contre lesquelles le jugement d'expropriation a été rendu, et en s'abstenant de déterminer aucune indemnité pour le cas éventuel où un tiers parviendrait à se faire dire propriétaire en totalité ou en partie des immeubles expropriés, se conforme exactement aux prescriptions combinées des § 1 et 4 de l'article 39. — *Thomas Varennes c. préfet de la Seine*, 4 juin 1845.

345. Dans le cas où le propriétaire d'un terrain exproprié et l'emphitéote du même terrain réclament chacun une indemnité distincte, tandis que l'administration prétend qu'il n'est dû qu'une seule indemnité, sur laquelle le propriétaire et l'emphitéote feront valoir leurs droits respectifs, le jury

doit faire un réglement alternatif qui pourvoie à ces deux hypothèses, en fixant tout à la fois deux indemnités distinctes pour le cas où il serait ultérieurement jugé que les deux prétendants ont droit chacun à une indemnité, et une indemnité unique pour le cas où une seule indemnité leur serait due. En conséquence, le jury excède ses pouvoirs en ne fixant que deux indemnités distinctes.—*Préfet du Nord c. Blanquard*, 19 juillet 1843.

346. Le jury doit fixer une indemnité hypothétique pour le cas où l'existence d'un bail dont se prévaut l'indemnitaire est déniée, aussi bien dans le cas où ce bail est méconnu par l'administration, que lorsqu'il est méconnu par le propriétaire. — *Labbé c. préfet de la Seine*, 1er mars 1843.

347. Lorsque l'administration nie l'existence d'un bail et que le demandeur n'a pris aucune conclusion devant le jury pour la fixation de deux indemnités alternatives, l'une pour la résiliation du bail écrit, tel qu'il l'alléguait, l'autre, purement subsidiaire, pour résiliation d'un simple bail verbal, le jury n'a pas à en prononcer deux et le moyen tiré de ce que le jury n'a point procédé conformément à cette distinction est inadmissible.— *Même arrêt.*

348. Bien que l'administration n'offre aucune indemnité pour la résiliation d'un bail qu'elle dénie, ce n'est pas une raison pour que le jury n'accorde pas une indemnité éventuelle pour le cas où l'existence du bail serait reconnue par les tribunaux compétents : l'article 39, § 5 est inapplicable dans ce cas.—*Même arrêt.*

349. Lorsque le jury a fixé le montant de l'indemnité, sa décision est (sauf le cas de recours en cassation) définitive et irrévocable, quels que soient les obstacles qui s'opposent ultérieurement au paiement de cette indemnité entre les mains de celui à qui elle a été attribuée, obstacles qui doi-

vent être levés suivant les règles du droit commun ; en un mot, après la décision du jury, il ne peut plus s'élever ou se débattre que des difficultés étrangères à la fixation du montant de l'indemnité. Ainsi, par exemple, l'État, qui a poursuivi l'expropriation et provoqué la fixation de l'indemnité contre celui qu'il a considéré comme le propriétaire, est non recevable à soutenir, soit qu'il n'y a point eu de préjudice pouvant donner lieu à une indemnité, soit que l'indemnité est trop considérable ; de même, celui qui serait fondé à exercer l'action en revendication transportée sur le prix, serait non recevable, tant à raison de l'accomplissement des formalités de publicité prescrites par la loi, que la mise légale en demeure de tous les intéressés, à réclamer une nouvelle fixation de l'indemnité, la loi ne reconnaissant comme propriétaire, quant à la fixation du montant de l'indemnité, que celui qui a reçu les notifications exigées ou celui qui a été appelé ou est intervenu à ce titre devant le jury. — *Préfet de la Haute-Marne c. Boudard*, 5 février 1845.

TITRE CINQUIÈME.

Du paiement des indemnités.

I. A QUELLE ÉPOQUE ET ENTRE LES MAINS DE QUI LES INDEMNITÉS DOIVENT-ELLES ÊTRE PAYÉES ?

II. DES OFFRES RÉELLES ET DE LA CONSIGNATION.

III. DU DROIT DE L'INDEMNITAIRE AUX INTÉRÊTS DES SOMMES RÉGLÉES PAR LE JURY.

I. *A quelle époque et entre les mains de qui les indemnités doivent-elles être payées ?*

Article 53, 1er alinéa : « Les indemnités réglées par le jury seront, préalablement à la prise de

possession, acquittées entre les mains des ayants-
droit. »

350. Le paiement de l'indemnité accordée au propriétaire
exproprié doit toujours être préalable à toute dépossession ;
il ne peut être subordonné à une éventualité, pour le cas,
par exemple, où, après la dépossession, l'administration
n'exécuterait pas certains travaux qui rendraient au propriétaire sa chose ou la remplaceraient par un équivalent.
—*Parmentier-Carlier c. Urbain et Picard*, 7 février 1837.

351. L'arrêté préfectoral, qui ordonne que la prise de
possession aura lieu aussitôt après la fixation de l'indemnité,
ne doit pas être entendu en ce sens que la prise de possession aura lieu avant le paiement de l'indemnité. —*Forquet c.
préfet de la Drôme*, 10 août 1841.

352. La fixation d'une époque pour la prise de possession, contenue au jugement qui prononce l'expropriation,
ne faisant aucunement obstacle à ce que l'exproprié exerce
tous ses droits dans le cas où l'indemnité préalable à lui
due n'aurait pas été régulièrement déterminée à l'époque
indiquée par le jugement, n'est pas réputée violer la règle
qui exige que l'indemnité soit préalable. En conséquence,
le propriétaire exproprié ne peut être entendu à attaquer
ce jugement, parce que l'administration aurait pris possession.—*Jayle c. le préfet de Tarn-et-Garonne*, 31 juillet
1843.

II. *Des offres réelles et de la consignation.*

Art. 52, 2ᵉ 3ᵒ et 4ᵒ alinéas : « S'ils (*les ayants-droit*)
se refusent à les recevoir (*les indemnités*), la prise
de possession aura lieu après offres réelles et
consignation.

« S'il s'agit de travaux exécutés par l'État ou les départements, les offres réelles pourront s'effectuer au moyen d'un mandat égal au montant de l'indemnité réglée par le jury : ce mandat, délivré par l'ordonnateur compétent, visé par le payeur, sera payable sur la caisse publique qui s'y trouvera désignée.

« Si les ayants-droit refusent de recevoir le mandat, la prise de possession aura lieu après consignation en espèces. »

Art. 54 : « Il ne sera pas fait d'offres réelles toutes les fois qu'il existera des inscriptions sur l'immeuble exproprié ou d'autres obstacles au versement des deniers entre les mains des ayants-droit ; dans ce cas, il suffira que les sommes dues par l'administration soient consignées, pour être ultérieurement distribuées ou remises, selon les régles du droit commun. »

353. On avait proposé d'étendre aux communes la faculté accordée par le 3ᵉ alinéa de l'article 53, mais cette proposition a été repoussée.

354. Lors de la discussion de l'article 54 de la loi du 7 juillet 1833. reproduit ici littéralement, on avait élevé la question de savoir si l'administration devait consigner le montant entier de l'indemnité ou seulement la somme nécessaire pour garantir les droits des tiers.

M. le rapporteur répondit que l'administration consignerait la somme nécessaire pour garantir les droits des tiers et remettrait le surplus au propriétaire.

M. le président pensa que cela devrait être renvoyé au droit commun.

En effet, c'est aux tribunaux seuls à juger une pareille question ; mais il nous semble que la solution indiquée par M. le rapporteur est la seule vraie.

Enfin nous rappelons que, même lorsqu'un propriétaire aura accepté les offres de l'administration, le montant de l'indemnité devra, s'il l'exige et s'il n'y a pas eu contestation de la part des tiers dans les délais prescrits par les articles 24 et 27, être versé à la caisse des dépôts et consignations, pour être remis ou distribué à qui de droit selon les règles du droit commun.

III. *Du droit de l'indemnitaire aux intérêts des sommes réglées par le jury.*

Art. 55, 2ᵉ alinéa : « Quand l'indemnité aura été réglée, si elle n'est ni acquittée ni consignée dans les six mois de la décision du jury, les intérêts courront de plein droit à l'expiration de ce délai. »

355. L'ancien article 55 se terminait par ces mots : *à titre de dédommagement,* qui ont été supprimés sur la demande de *M. Dugabé,* dans l'esprit duquel ils faisaient obstacle à ce que la partie lésée pût réclamer d'autres dommages-intérêts.

Toutefois, il ne faudrait par dire qu'il suffit du retranchement opéré sur la demande de M. Dugabé pour soutenir que la règle générale, qui veut que dans les obligations, qui se bornent au paiement d'une certaine somme, les dommages-intérêts résultant du retard dans l'exécution ne consistent *jamais* que dans la condamnation aux intérêts fixés par la loi, soit modifiée.

TITRE SIXIÈME.

Dispositions diverses.

I. DANS QUELLES FORMES DOIVENT ÊTRE PASSÉS LES ACTES RELATIFS A L'ACQUISITION DES TERRAINS.

II. A LA REQUÊTE DE QUI ET PAR QUI DOIVENT ÊTRE FAITES LES SIGNIFICATIONS ET NOTIFICATIONS PRESCRITES PAR LA LOI DU 3 MAI 1841 ?

III. DES DROITS DU FISC SUR LES ACTES FAITS EN VERTU DE LA PRÉSENTE LOI.

IV. DU DROIT DE RETRAIT ACCORDÉ AUX PROPRIÉTAIRES EXPROPRIÉS OU A LEURS AYANTS-DROIT.

V. DES CONCESSIONNAIRES DES TRAVAUX PUBLICS. — LEURS DROITS.

I.—Dans quelles formes doivent être passés les actes relatifs à l'acquisition des terrains.

Art. 56 : « Les contrats de vente, quittances et autres actes relatifs à l'acquisition des terrains, peuvent être passés dans la forme des actes administratifs : la minute restera déposée au secrétariat de la préfecture, expédition en sera transmise à l'administration des domaines. »

356. Nous dirons, comme l'a expliqué M. Legrand, commissaire du roi, lors de la discussion de la loi du 7 juillet 1833 de laquelle cet article est reproduit littéralement, que les actes pourront être faits par devant notaires, lorsque l'administration, partie dans ces actes, le jugera convenable.

D'un autre côté, alors même qu'il s'agira d'actes entre les concessionnaires des travaux et les propriétaires, si les préfets veulent bien prêter leur ministère, les actes seront faits en la forme administrative.

II. — *A la requête de qui et par qui doivent être faites les significations et notifications prescrites par la loi du 3 mai 1841.*

Art. 57 : Les significations et notifications mentionnées en la présente loi sont faites à la diligence du préfet du département de la situation des biens.

« Elles peuvent être faites tant par huissier que par tout agent de l'administration dont les procès-verbaux font foi en justice. »

357. Dans le cas d'une expropriation poursuivie dans l'unique intérêt d'une commune, la notification du jugement d'expropriation et des offres, est valablement faite à la requête du maire de cette commune. — *Méritan et autres c. maire d'Apt,* 12 janvier 1842.

358. La notification faite aux parties en vertu de l'article 34 pour être présentes à la réunion des jurés n'est pas soumise aux formalités requises par l'article 61 du Code de procédure civile pour les exploits d'ajournement ; *spécialement,* elle est valable, bien qu'elle ne fasse mention du domicile de la partie, si d'ailleurs il y a certitude qu'elle a été remise au domicile indiqué conformément à l'article 15. — *Desgrais c. maire de Batignolles,* 4 avril 1842.

359. Les porteurs de contraintes sont des agents de l'autorité publique ayant qualité pour faire les significations et

notifications aux termes de l'article 57.— *Armspach c. préfet de Seine-et-Oise*, 14 août 1843.

Attendu, *porte l'arrêt*, que l'arrêté consulaire du 16 thermidor an VIII, qui a créé les porteurs de contraintes (art. 18), exige qu'ils soient nommés par le sous-préfet et approuvés par le préfet (art. 20), et qu'ils prêtent serment entre les mains du premier de ces fonctionnaires (art. 21), qu'enfin, l'article 24 prouve qu'ils ont le droit de rédiger des procès-verbaux ayant foi en justice.

Attendu que, d'après l'article 209 du Code pénal, ils sont classés parmi les agents de l'autorité publique, d'où il suit qu'ils sont revêtus du caractère exigé par l'article 57 de la loi du 3 mai 1841.

360. Nous ferons observer que l'article 1033 du Code de procédure civile (1) ne sera jamais applicable aux actes dont il est question dans l'article 57, qu'il s'agisse des actes à la requête des parties ou des actes à la requête de l'administration. (Discussions de la loi du 7 juillet 1833, art. 57.)

III. — *Des droits du fisc sur les actes faits en vertu de la présente loi.*

Art. 58 : « Les plans, procès-verbaux, certificats, significations, jugements, contrats, quittances et autres actes faits en vertu de la présente loi, seront visés pour timbre et enregistrés gratis lorsqu'il y aura lieu à la formalité de l'enregistrement.

---

(1) Art. 1033 proc. civile. « Le jour de la signification ni celui de l'échéance ne sont jamais comptés pour le délai général fixé pour les ajournements, les citations, sommations et autres actes faits à personne ou domicile : ce délai sera augmenté d'un jour à raison de trois myriamètres de distance ; et, quand il y aura lieu à voyage ou envoi et retour, l'augmentation sera du double. »

« Il ne sera perçu aucuns droits pour la transcription des actes au bureau des hypothèques.

« Les droits perçus sur les acquisitions amiables
faites antérieurement aux arrêtés du préfet sont
restitués, lorsque dans le délai de deux ans, à
partir de la perception, il sera justifié que les
immeubles acquis sont compris dans ces arrêtés :
la restitution des droits ne pourra s'appliquer
qu'à la portion des immeubles qui aura été reconnue nécessaire à l'exécution des travaux (1). »

---

(1) Lors de la discussion de l'article 58 on a produit une lettre de M.
le directeur de l'enregistrement ainsi conçue : « Les dispositions de cet
article s'appliquent à tous les actes faits en vertu de la présente loi,
par conséquent les actes d'acquisition consentis à l'amiable par les propriétaires au profit de l'Etat ou des compagnies concessionnaires, à
quelque époque que ce soit de l'instruction ou de la procédure, sont
exempts des droits de timbre et d'enregistrement. »

On avait proposé de terminer le dernier alinéa de cet article par ces
mots : La restitution des droits s'appliquera aussi à la portion des
immeubles dont les propriétaires auraient eu le droit de requérir l'acquisition aux termes de l'article 50 ; mais cet amendement a été com-
battu et rejeté.

Toutefois, la Cour a jugé que la décision du jury, qui, sur la déclaration des propriétaires expropriés de vouloir user de la faculté à eux
réservée par l'art. 50, a réglé l'indemnité pour la totalité des immeubles, a rempli le vœu de la loi et a dû être considérée comme rendue
tout entière dans le sens de l'art. 58; qu'ainsi la gratuité du droit accordée par ledit art. 58, § 1er et 2 était applicable pour le tout à la
décision du jury et à l'ordonnance qui avait suivi; qu'en conséquence,
en ordonnant, dans l'espèce, la restitution des droits indûment perçus
sur les portions d'immeubles non comprises dans le jugement d'expropriation, le jugement attaqué avait fait une juste application dudit
art. 58. — *L'administration de l'enregistrement c. le préfet de la
Seine*, 25 août 1851.

361. Le sursis prononcé contre la perception des droits d'enregistrement pour des acquisitions de terrains à l'égard desquels il n'était intervenu aucun arrêté du préfet pour en ordonner la cession ou en faire prononcer l'expropriation pour cause d'utilité publique, sous le prétexte du bornage à intervenir entre l'autorité supérieure administrative et (dans l'espèce de l'arrêt) la compagnie du chemin de fer de Versailles (rive droite) n'a pu l'être sans une fausse application de l'article 58 de la loi du 3 mai 1841 et sans violation des articles 28 et 59 de la loi du 22 frimaire an VII dont les dispositions sont toutes dirigées vers les moyens d'opérer le plus prompt versement des droits d'enregistrement et de timbre, sauf l'action en restitution dans les cas déterminés par la loi. — *Administration de l'enregistrement c. chemin de fer de Versailles*, 16 août 1843. — 13 novembre 1848,

362. L'affranchissement du droit d'enregistrement ne s'applique aux acquisitions faites à l'amiable par une ville pour redresser, élargir ou ouvrir des rues qu'autant qu'elles ont été précédées d'une déclaration d'utilité publique. — *L'administration de l'enregistrement c. la ville de Saint-Etienne, la ville de Montpellier, la ville d'Evreux*, 19 juin 1844. — *L'administration de l'enregistrement c. la ville de Bordeaux*, 6 mars 1848.

363. Dans ce cas, l'autorisation donnée par le préfet à l'acquisition, n'équivaut pas à la déclaration d'utilité publique. - *L'arrêt dernier cité.*

364. L'exemption de droits pour la transcription au bureau des hypothèques des actes translatifs de propriété n'a exonéré les compagnies concessionnaires de travaux publics que des droits du trésor, de l'impôt proprement dit, mais non point du salaire du conservateur, de son traitement, de la rémunération attribuée par des tarifs lé-

gaux dans la proportion de son travail et de sa responsabilité. — *Chemin de fer de Paris à Rouen*, 25 février
1846.

365. Le jugement, qui a décidé, en principe, qu'aucun des
contrats d'acquisition n'étant exclusivement applicable à
des immeubles compris dans un arrêté du préfet antérieur
ou postérieur, et ne distinguant pas la fraction de prix applicable aux parcelles de terrain comprises dans un arrêté
du préfet, ces contrats ne pouvaient jouir du bénéfice de
l'article 58, même pour les parcelles légalement déclarées
cessibles, a expressément violé les dispositions de cet article. — *Chemin de fer de Paris à Versailles c. l'administration de l'enregistrement*, 18 juillet 1849.

IV. — *Du droit de retrait accordé aux propriétaires ex-*
propriés ou à leurs ayants-droit.

Art. 60 : « Si les terrains acquis pour des travaux
d'utilité publique ne reçoivent pas cette destination, les anciens propriétaires ou leurs ayants-
droit peuvent en demander la remise.

« Le prix des terrains rétrocédés est fixé à l'amiable,
et, s'il n'y a pas accord, par le jury, dans les
formes ci-dessus prescrites. La fixation par le
jury ne peut, en aucun cas, excéder la somme
moyennant laquelle les terrains ont été acquis. »

Art. 61. « Un avis, publié de la manière indiquée
en l'article 6, fait connaître les terrains que l'administration est dans le cas de revendre. Dans les
trois mois de cette publication, les anciens propriétaires qui veulent réacquérir la propriété

desdits terrains sont tenus de le déclarer ; et, dans
le mois de la fixation du prix, soit amiable, soit
judiciaire, ils doivent passer le contrat de rachat
et payer le prix ; le tout à peine de déchéance du
privilége que leur accorde l'article précédent. »

Art. 62 : « Les dispositions des articles 60 et 61 ne
sont pas applicables aux terrains qui ont été acquis sur la réquisition du propriétaire, en vertu
de l'article 50, et qui resteraient disponibles après
l'exécution des travaux. »

366. Les tribunaux saisis par le propriétaire de terrains
expropriés pour des travaux d'utilité publique d'une demande en remise de ceux de ces terrains, qui n'ont pas reçu
cette destination, ne peuvent ordonner la restitution demandée, sans excéder leurs pouvoirs, si, avant la demande, les
terrains ont été aliénés par l'Etat. Dans ce cas, les tribunaux doivent surseoir jusqu'à ce qu'il ait été statué par qui
de droit sur le mérite de l'acte administratif qui a opéré
l'aliénation.— *Préfet de la Nièvre c. Gueultenard*, 29 mars
1842.

367. OBSERVATIONS : L'article 60 est applicable non-seulement aux terrains qui ne sont pas employés, parce que
l'opération est abandonnée, mais encore à ceux qui restent
sans emploi après l'exécution des travaux.

Les contrats de rachat faits en vertu de l'article 61 ne
sont pas exempts du droit de mutation. La proposition en
avait été faite, mais elle a été rejetée par ce motif donné
par M. le directeur général de l'enregistrement que ce serait le vendeur qui profiterait de l'exemption, puisqu'il ven-
drait sa propriété plus cher eu égard à cette exemption.

V. — *Des concessionnaires des travaux publics. — Leurs droits.*

Art. 63 : « Les concessionnaires des travaux publics exerceront tous les droits conférés à l'administration, et seront soumis à toutes les obligations qui lui sont imposées par la présente loi. »

368. Le concessionnaire de travaux publics, subrogé aux droits de l'administration, conserve le droit de poursuivre, en son nom personnel, l'expropriation des terrains nécessaires à la confection de ces travaux, quoiqu'il ait mis dans une société le privilége de sa concession. — *Gaullieur-l'Hardy c. Boyer-Fonfrède*, 6 janvier 1836.

369. OBSERVATION GÉNÉRALE.—ART. 64.—« Les contributions de la portion d'immeuble qu'un propriétaire aura cédée, ou dont il aura été exproprié pour cause d'utilité publique, continueront à lui être comptées pendant un an, à partir de la remise de la propriété, pour former son cens électoral (1). »

---

(1) Cette disposition est aujourd'hui sans application.

TITRE SEPTIÈME.

Dispositions exceptionnelles ou de la prise de possession avant le règlement des indemnités.

CHAPITRE Ier. — DE LA DÉCLARATION D'URGENCE APPLIQUÉE AUX TRAVAUX CIVILS.

Articles 65, 66, 67, 68, 69, 70, 71, 72, 73, 74.

370. L'idée d'appliquer la déclaration d'urgence aux travaux civils existait depuis longtemps dans notre législation. Le germe s'en trouvait dans l'article 19 de la loi du 8 mars 1810, ainsi conçu : « Avant l'évaluation des indemnités, et « lorsque le différend ne portera point sur le fond même de « l'expropriation, le tribunal pourra, selon la nature et « l'urgence des travaux, ordonner provisoirement la mise « en possession de l'administration : son jugement sera « exécutoire nonobstant appel ni opposition. »

Mais cette disposition, qui n'exigeait aucune consignation, donna lieu à des abus. Souvent des propriétaires dépossédés exerçaient pendant longtemps un recours inutile contre l'Etat.

Aussi, lors de la loi du 30 mars 1831 relative aux travaux de fortifications, *M. Humann* proposa-t-il un amendement qui avait pour objet d'appliquer la procédure d'urgence aux travaux civils; mais cet amendement ne fut pas adopté.

La loi du 7 juillet 1833 laissa les choses dans le même état.

Cependant, depuis cette époque, les abus s'étant renouvelés plus graves encore que par le passé et l'expérience ayant démontré que la résistance d'un seul propriétaire pouvait paralyser l'exécution de travaux que réclamait un intérêt public, le législateur de 1841 a introduit dans la loi du 3 mai les dispositions autorisant la dépossession préalable, qui se concilient fort bien avec le système général de la loi d'expropriation.

Le principe constitutionnel de l'indemnité juste et préalable est sauf, au moyen de la consignation, et le jury conserve la plénitude de sa liberté d'appréciation.

Quant aux textes et à leur portée, nous nous contenterons de présenter quelques observations empruntées aux discussions qui ont eu lieu.

Et d'abord l'exception posée dans l'article 65 est restreinte formellement aux terrains non bâtis ; mais, tous les terrains clos ou non clos se trouvent par cela même soumis à la prise de possession.

Il en faut dire autant des terrains non bâtis affectés à l'exploitation et au service de terrains bâtis : il est bien vrai que si un préjudice résultait de la prise de possession de ces terrains, il pourrait y avoir lieu à examiner si c'est là une juste cause d'indemnité ; mais ce serait ajouter à la loi que de créer à raison de ce préjudice un obstacle légal contre la prise de possession pour urgence. — *Ménissier c. la Comp. du chemin de fer de Sceaux*, 15 juillet 1845.

La commission de la chambre des pairs avait demandé que l'ordonnance déclarative de l'urgence fût motivée sur la nature des travaux, sur les obstacles imprévus qui s'opposeraient à leur exécution et sur la nécessité de les terminer sans délai. La proposition a été rejetée.

La notification que prescrit l'art. 66 doit être faite aux usufruitiers, fermiers, locataires, gardiens, régisseurs ou occupants à quelque titre que ce soit, et non aux autres intéressés, notamment aux créanciers, puisque dans cette période de la procédure il ne s'agit point de fixer définitivement l'indemnité.

Enfin, si le tribunal considère qu'il soit utile de commettre un juge pour visiter les terrains, il pourra, conformément à l'article 1035 du Code de procédure civile et en suivant à cet égard les termes du droit commun, commettre le juge-de-paix du lieu.

Quant au délai dans lequel cette opération devrait être terminée d'après l'article 68, la loi ne prononçant pas la peine de nullité, on doit en conclure que cette opération ne serait pas moins valable quoiqu'elle se fût prolongée au-delà du temps fixé. Ce serait aller contre le but de la disposition que d'annuler, pour la recommencer, une opération qui aurait été déjà trop lente.

CHAPITRE II. — DES TRAVAUX MILITAIRES ET LE LA MARINE ROYALE.

Art. 75 : « Les formalités prescrites par les titres I et II de la présente loi ne sont applicables ni aux travaux militaires ni aux travaux de la marine royale.

« Pour ces travaux, une ordonnance royale détermine les terrains qui sont soumis à l'expropriation. »

Art. 76 : « L'expropriation ou l'occupation temporaire, en cas d'urgence, des propriétés privées qui seront jugées nécessaires pour des travaux de fortification, continueront d'avoir lieu confor-

mément aux dispositions prescrites par la loi du
30 mars 1851.

« Toutefois, lorsque les propriétaires ou autres intéressés n'auront pas accepté les offres de l'administration, le réglement définitif des indemnités
aura lieu conformément aux dispositions du titre
IV ci-dessus.

Seront également applicables aux expropriations
poursuivies en vertu de la loi du 30 mars 1831,
les articles 16, 17, 18, 19 et 20, ainsi que le
titre VI de la présente loi. »

371. Il n'est pas nécessaire que l'ordonnance royale déclarant la nécessité d'une expropriation pour travaux militaires ou maritimes, détermine littéralement les terrains
soumis à l'expropriation, lorsque le plan de ces terrains est
annexé à l'ordonnance.— *Senez c préfet maritime de Toulon*, 22 décembre 1834.

372. A défaut de conventions amiables, le procureur du
roi a pu requérir et le tribunal prononcer l'expropriation,
sans y appeler le propriétaire exproprié. — *Même arrêt.*

373. Lorsqu'il s'agit d'expropriation pour travaux utiles
au service de la marine, le préfet maritime a manifestement
qualité à l'effet de tenter des conventions amiables dont l'effet serait de prévenir l'expropriation, et, à défaut de ces
conventions, de mettre en action le ministère du procureur
du roi ; d'ailleurs, l'intervention légale du procureur du roi,
magistrat incontestablement civil, suffit, en pareille occur-
rence, pour fonder la compétence du tribunal et pour ab-
soudre son jugement de tout reproche d'incompétence ou
d'excès de pouvoir. — *Même arrêt.*

374. Le tribunal, qui, malgré la représentation de l'ordonnance royale qui déclare l'utilité publique et détermine les parcelles à exproprier, a jugé qu'il n'y avait pas lieu, quant à présent, de prononcer l'expropriation par le motif qu'il n'était pas justifié que les formalités prescrites par les articles 8, 9 et 10, faisant partie du titre II de la présente loi, eussent été remplies, a ouvertement violé l'article 75. — *Préfet des Landes contre Dupuy et autres*, 9 février 1842.

375. En matière d'expropriation nécessitée par des travaux de fortifications, les expropriés ne sont pas parties au jugement qui, en cas d'urgence, ordonne l'expropriation et fixe provisoirement l'indemnité. En conséquence, ils doivent être déclarés non-recevables à intervenir dans l'instance qui précède ce jugement et la décision, qui admet cette intervention, doit être cassée. — *De Saint-Albin c. préfet de la Seine*, 5 juillet 1842, 11 décembre 1844.

376. Est nul, comme entaché d'un excès de pouvoir, le jugement qui prononce l'expropriation, pour travaux de fortifications, lorsqu'il est établi que le juge-commissaire désigné par le tribunal pour se transporter avec un expert sur les lieux soumis à l'expropriation, n'a pas assisté à toutes les opérations de l'expertise. — *Arrêt du* 5 juillet 1842.

TITRE HUITIÈME.

Dispositions finales.

Art. 77 : « Les lois des 8 mars 1810 et 7 juillet 1855 sont abrogées. »

FORMULAIRE

DES

ACTES ADMINISTRATIFS ET JUDICIAIRES

NÉCESSITÉS PAR LA PROCÉDURE EN EXPROPRIATION POUR
CAUSE D'UTILITÉ PUBLIQUE.

SOMMAIRE DES FORMULES.

FORMULAIRE.

FORMULE N° 1.

Avis du dépôt des plans dressés pour arriver à l'expropriation.

(Loi 3 mai 1841, art. 6).

Le Maire de la commune d   canton d   arrondissement d   département d   fait savoir, à qui de droit, que le plan des terrains ou des édifices dont la cession parait nécessaire à l'établissement de   faisant l'objet de l'expropriation pour cause d'utilité publique, déclarée par   (énoncer la loi ou l'acte du chef du pouvoir exécutif) a été déposé à la mairie de ladite commune pour que chacun puisse en prendre connaissance.

A la mairie, le   jour   mois   an

(Signature du Maire).

FORMULE N° 2.

Certificat du Maire attestant que les publications et affiches requises par l'article 6 ont été faites.

(Loi 3 mai 1841, art. 7).

Nous, soussigné, Maire de la commune d   canton d   arrondissement d   département d   certifions que les parties intéressées ont été averties de prendre communication à la mairie de ladite commune, du plan dressé en conformité des articles 4 et 5 de la loi du 3 mai 1841, sur l'expropriation pour cause d'utilité publique, et que cet avertissement a été publié à son de   dans la commune, affiché tant à la principale porte de l'église du lieu qu'à celle de la maison commune, et inséré le   dans le journal le (nom du journal), publié à

En foi de quoi, nous avons dressé le présent certificat, à la mairie, le   jour   mois   et an

(Signature du Maire).

FORMULE N° 3.

Procès-verbal ouvert par le Maire et contenant les déclarations et réclamations faites verbalement ou par écrit.

(Loi 3 mai 1841, art. 7).

Nous, soussigné, Maire de la commune d   canton
d   arrondissement d   département d
en exécution de l'article 7 de la loi du 3 mai 1841 et après l'entier accomplissement des formalités prescrites par les articles 5 et 6 de la même loi, avons ouvert le   à   (heure) à la mairie de ladite commune, le procès-verbal destiné à recevoir les déclarations et réclamations auxquelles pourra donner lieu l'expropriation pour cause d'utilité publique de   (indiquer les propriétés).

Se sont présentés, savoir :
Le sieur   lequel a dit que

et attendu que le délai de huit jours fixé par l'article 5 est expiré, nous avons clos ce jourd'hui   mois   an   à
(heure) le présent procès-verbal et y avons annexé les déclarations et réclamations, qui nous ont été soumises par écrit, après les avoir cotées et paraphées au nombre de

Fait à la mairie, les an, mois, jours et heures susdits.

(*Signature du Maire*).

FORMULE N° 4.

Avis de la commission établie pour entendre les observations des propriétaires qu'il s'agit d'exproprier et donner son avis.

(Loi 3 mai 1841, art. 8 et 9).

L'an   le   jour   mois   à
(heure) en notre hôtel de la sous-préfecture, à   arrondissement d   département d   s'est réunie, sous notre présidence, la commission exigée par l'article 8 de la loi du 3 mai 1841, composée de MM.   (membres du conseil général du département ou du conseil de l'arrondissement) désignés par M. le Préfet, de M.   maire de la commune de   , de M.   ingénieur, et chargée de recevoir les observations des propriétaires intéressés dans le projet d'expropriation concernant
et, attendu que le procès-verbal de la commission est resté ouvert pendant huit jours,

Aujourd'hui   (jour du mois) à   (heure) les
membres de la commission au nombre de   toujours sous
notre présidence, ont émis l'avis suivant :
1°. . . . .
2°. . . . .
du tout il a été rédigé acte signé de nous et des membres présents,
après lecture, les jour, mois et an susdits.

(Suivent les signatures).

FORMULE N° 5.

*Arrêté du préfet déterminant les propriétés qui doivent être cédées,
et indiquant l'époque de la prise de possession.*

(Loi 3 mai 1841, art. 11).

Nous, Préfet du département d
Vu le procès-verbal en dates des   (dates d'ouverture
et de clôture) par lequel la commission instituée par l'article 8
de la loi du 3 mai 1841, a donné son avis sur l'expropriation projetée, ensemble les documents y annexés.
Attendu que   (motifs).
avons arrêté et arrêtons ce qui suit :
Article 1er. Les propriétés de   (noms des propriétaires)
situées à   dans l'étendue de   (contenances et
détermination du terrain à céder) doivent être cédées pour l'accomplissement des travaux d'établissement de   (objet de
l'expropriation).
Article 2. Il devra être pris possession desdites propriétés à
            (époque).
Fait et signé en notre hôtel de la préfecture, le   (jour)
      mois   an

(Signature du Préfet).

FORMULE N° 6.

*Requête à présenter au tribunal par les tuteurs, les envoyés en pos-
session provisoire et tous représentants des incapables pour être
autorisés à consentir amiablement à l'aliénation des biens qui
doivent être expropriés.*

(Loi 3 mai 1841, art. 13).

A Messieurs les Président et Juges composant le tribunal de
première instance d'arrondissement séant à   département
d
Expose :
Le sieur   (nom, prénoms et demeure de l'exposant, avec
indication de la qualité en vertu de laquelle il agit).

Qu'aux termes de (indiquer soit la loi, soit l'acte du chef du pouvoir exécutif) l'établissement de　　　　　　(objet de l'expropriation) a été autorisé.

En conséquence, des immeubles consistant en　　　　　appartenant à　　　　　situés commune d　　　　　canton d　　　　　arrondissement d　　　　　sont compris dans le plan parcellaire des terrains ou édifices dont la cession est nécessaire à l'exécution desdits travaux.

C'est pourquoi la présente requête vous est adressée, afin qu'il vous plaise, Messieurs, autoriser l'exposant à consentir amiablement à l'aliénation desdits biens.

Présentée à　　　　　le　　　　　jour　　　　　mois　　　　　et an

(*Signature*).

FORMULE Nᵒ 7.

Requête au tribunal afin d'obtenir le jugement qui prononce l'expropriation des terrains ou bâtiments indiqués dans l'arrêté du préfet, si, dans l'année de cet arrêté, l'administration n'a pas poursuivi l'expropriation.

(Loi 3 mai 1841, art. 14).

A MM. les Président et Juges composant le tribunal de première instance d'arrondissement, séant à　　　　　département d

Expose :

Le sieur　　　　　(nom, prénoms, profession et demeure du propriétaire).

Que, suivant un arrêté en date du　　　　　M. le Préfet du département d　　　　　a déterminé les propriétés particulières auxquelles est applicable l'expropriation dont l'utilité a été constatée et déclarée par　　　　　(indiquer la loi ou l'acte du chef du pouvoir exécutif) Mais, une année s'est écoulée, depuis cette époque, sans que l'administration ait poursuivi l'expropriation.

Cependant, l'exposant qui est propriétaire de　　　　　situés à　　　　　canton d　　　　　arrondissement d　　　　　compris audit arrêté, a intérêt à ce qu'il soit statué par le tribunal dans le plus bref délai.

C'est pourquoi la présente requête vous est adressée, afin qu'il vous plaise, Messieurs, rendre dans les délais fixés par la loi, le jugement qui prononcera l'expropriation des biens dont il s'agit.

Présentée à　　　　　le　　　　　jour　　　　　mois et an

(*Signature*).

FORMULE N° 8.

Notification de l'extrait du jugement d'expropriation aux personnes désignées dans les articles 15 et 22.

(Loi 3 mai 1841, art. 15. — Ord. 18 septembre 1833, art. 1er, n° 1).

L'an   le
A la requête de M.
J'ai (immatricule de l'huissier) soussigné, signifié,
1° au sieur   au domicile par lui élu chez
2°. . . . .
l'extrait, contenant les noms des propriétaires expropriés, les motifs et le dispositif du jugement rendu le   par le tribunal d'arrondissement d   , lequel prononce l'expropriation pour cause d'utilité publique des terrains indiqués dans l'arrêté de M. le Préfet du département d   en date du
Afin que les sus-nommés n'en ignorent et aient à en tenir et garder état.
A laquelle fin, j'ai laissé copie du présent dont le coût est de

(Signature de l'Huissier).

FORMULE N° 9.

Notification du pourvoi en cassation formé contre le jugement qui prononce l'expropriation.

(Loi 3 mai 1841, art 20.—Ord. 18 septembre 1833, art. 2, n° 1).

L'an   le
A la requête du sieur (nom, prénoms, profession et demeure du requérant).
J'ai (immatricule de l'huissier) soussigné, notifié à
Copie au long de la déclaration du pourvoi formé le
par ledit requérant contre le jugement d'expropriation rendu le   par le tribunal d'arrondissement d   département d
Afin que M.   n'en ignore et ait à en tenir et garder état.
A laquelle fin j'ai laissé copie du présent dont le coût est de

(Signature de l'Huissier).

FORMULE N° 10.

Déclaration à l'administration des ayants-droit à des indemnités.

(Loi 3 mai 1841, art. 21. — Ord. 18 septembre 1833, art. 2, n° 2).

L'an   le

À la requête de (nom, prénoms, qualité et demeure).

Vu la notification qui lui a été faite le   du jugement rendu le   par le tribunal d'arrondissement d lequel prononce l'expropriation pour cause d'utilité publique d'immeubles lui appartenant, consistant en   situés à

J'ai (immatricule de l'huissier) soussigné,   dit et déclaré à   demeurant à   où étant et parlant à

Que, pour se conformer aux prescriptions de l'article 21 de la loi du 3 mai 1841, mon requérant lui fait savoir :

1° Que le sieur

2°   (énoncer à la suite des nom, prénoms, profession et demeure du prétendant droit à une indemnité, que celui-ci est ou fermier, ou locataire, ou usufruitier, ou créancier de servitude).

Et j'ai laissé audit   afin qu'il n'en ignore et ait à tenir et garder état de la déclaration qui précède, copie du présent dont le coût est de

(Signature de l'Huissier).

FORMULE N° 11.

Notification des offres de l'administration aux propriétaires et à tous autres intéressés.

(Loi 3 mai 1841, art. 23. — Ord. 18 septembre 1833, art. 1er, n° 4).

L'an   le

À la requête de

J'ai (immatricule de l'huissier) soussigné   notifié au sieur   (nom, prénoms, profession et demeure du propriétaire ou de l'intéressé auquel les offres sont faites).

Copie par extrait de l'arrêté de M. le Préfet du département d   en date du   fixant à   la somme que l'administration lui offre pour indemnité de   (soit de l'héritage dont il est tenu de souffrir l'expropriation, soit des droits qu'il perd par suite de l'expropriation).

À la charge par ledit sieur   de, dans le délai de quinzaine à partir de ce jour, déclarer s'il accepte ou non lesdites offres, et, pour le cas où il ne les accepterait pas, d'indiquer le montant de ses prétentions.

À laquelle fin je lui ai laissé copie du présent dont le coût est de

(Signature de l'Huissier).

FORMULE N° 12.

Déclaration d'acceptation ou de refus des offres de l'administration.

(Loi 3 mai 1841, art. 24.—Ord. 18 septembre 1833, art. 1er, n° 5).

L'an   le
A la requête de
J'ai (immatricule de l'huissier) soussigné, signifié et déclaré
à   (la partie qui a fait les offres),
   Que le requérant accepte (1) les offres de la somme de
consignées dans l'exploit, qui lui a été signifié le   à la
requête de   par le ministère de   , à laquelle
somme a été fixée l'indemnité qui lui est accordée, pour
(indiquer la nature de l'immeuble) lui appartenant, situé à
et dont l'expropriation a été prononcée pour cause d'utilité
publique, par jugement du tribunal d'arrondissement de
en date du
   Et, afin qu'il n'en ignore et ait à tenir et garder état de cette
acceptation, je lui ai laissé copie du présent dont le coût est
de

(Signature de l'Huissier).

FORMULE N° 13.

Convocation des jurés.

(Loi 3 mai 1841, art. 31. — Ord. 18 septembre 1833, art. 1er, n° 6)·

L'an   le
A la requête de M.
J'ai (immatricule de l'huissier) soussigné, dit et déclaré 1° à
M.   (nom, prénoms, profession et domicile) où étant et
parlant à
   2° à
Qu'il fait partie du jury spécial chargé de fixer définitivement
le montant des indemnités, qui peuvent être dues, par suite de
l'expropriation pour cause d'utilité publique de   situés
à
   C'est pourquoi, je l'ai sommé d'être le   heure
à   lieu et jour fixés pour la réunion du jury; lui
déclarant que, faute par lui d'obéir à la présente convocation ou
de faire valoir en temps opportun ses motifs d'excuse, il sera
condamné comme défaillant.
   A laquelle fin, je lui ai laissé copie du présent dont le coût est
de

(Signature de l'Huissier).

---

(1) Si l'exproprié ou la partie intéressée n'accepte pas les offres de
l'administration, on doit, en le déclarant, indiquer le montant des
prétentions de l'ayant-droit.

FORMULE N̲o̲ 14.

Convocation des parties expropriées.

(Loi 3 mai 1841, art. 31.—Ord. 18 septembre 1833, art. 1er, no 6).

L'an   le
A la requête de M.
J'ai (immatricule de l'huissier) soussigné, signifié et délivré au sieur
Copie entière 1° de l'expédition (*soit* de l'arrêt par lequel la Cour d'appel de   , *soit* du jugement par lequel la première chambre du tribunal d'arrondissement de   ) a formé la liste du jury spécial chargé de fixer définitivement le montant des indemnités, qui peuvent être dues par suite de l'expropriation pour cause d'utilité publique suivie pour l'établissement de
2° De la liste dudit jury avec indication des noms, prénoms, professions et demeures des personnes qui le composent.
Avec intimation de se trouver le   heure   à lieu et jour fixés, pour procéder au réglement de l'indemnité spéciale, qui peut lui être due, en raison de l'expropriation de prononcée contre lui par jugement du tribunal d'arrondissement de   en date du   laquelle indemnité précédemment fixée à   et offerte le   suivant exploit du ministère de   a été refusée par signification du
A laquelle fin j'ai laissé au sus-nommé copie du présent dont le coût est de

(Signature de l'Huissier).

FORMULE N° 15.

Ordonnance de condamnation contre un juré défaillant.

(Loi 3 mai 1841, art. 32).

Nous, magistrat directeur du jury d'expropriation séant à
Vu l'original de la convocation signifiée le   suivant exploit de   huissier à   au sieur
Attendu que cette convocation est régulière en la forme et qu'il résulte de l'original, qui nous est représenté, qu'elle a été faite en temps de droit au domicile du sieur   parlant à
Attendu que le sieur   n'a point répondu à l'appel de son nom et qu'il n'a fait parvenir aucune excuse ;
Attendu dès lors qu'il y a lieu de le condamner à l'amende par application de l'article 32 de la loi du 3 mai 1844, lequel est ainsi conçu : «
Par ces motifs, nous condamnons le sieur   à l'amende de   et aux dépens.

(Signature).

FORMULE N° 16.

Notification au juré défaillant de l'ordonnance de condamnation rendue par le directeur du jury.

(Loi 3 mai 1841, art. 32. — Ord. 18 septembre 1833, art. 1er, n° 7).

L'an   le
A la requête de
J'ai (immatricule de l'huissier) soussigné, signifié et délivré au sieur
Copie au long de l'ordonnance de condamnation rendue contre lui, le   ·par M. le magistrat directeur du jury d'expropriation pour cause d'utilité publique, séant à
Afin qu'il n'en ignore et ait à tenir et garder état de la présente signification dont le coût est de

(Signature de l'Huissier).

FORMULE N° 17.

Opposition du juré défaillant à l'ordonnance du magistrat directeur du jury, qui l'a condamné à l'amende.

(Loi 3 mai 1841, art. 32. — Ord. 18 septembre 1833, art. 2, n° 6).

L'an   le
A la requête du sieur
J'ai (immatricule de l'huissier) soussigné, dit et déclaré à M.   magistrat directeur du jury d'expropriation pour cause d'utilité publique, séant à.
Que mon requérant forme opposition à l'ordonnance rendue contre lui, le   , qui l'a condamné à l'amende de pour n'avoir pas répondu le   à l'appel de son nom. La non comparution du requérant avait pour cause (énoncer les motifs). Il ose espérer que, sur le vu des justifications qu'il fera, M. le magistrat directeur voudra bien rapporter cette ordonnance et le décharger des condamnations prononcées contre lui.
A laquelle fin j'ai laissé copie du présent dont le coût est de

(Signature de l'Huissier).

FORMULE N° 18.

Décision du jury.

(Loi 3 mai 1841, art. 41).

Nous soussignés, membres du jury spécial chargés de fixer définitivement les indemnités dues à   pour expropriés pour cause d'utilité publique, après nous être retirés dans notre chambre et avoir délibéré, sans désemparer, sous la présidence de M.   l'un de nous, que nous avons désigné, avons, à la majorité des voix, fixé et fixons, savoir :

1° à   l'indemnité due à M.   pour

2° à   l'indemnité due à M.   pour

Ce que nous avons arrêté et signé après lecture, le jour   mois   et an

(Signatures des membres qui ont concouru à la décision).

FORMULE N° 19.

Procès-verbal de séance du jury et ordonnance du magistrat directeur.

(Loi 3 mai 1841, art. 41 (34, 35, 36, 37, 38, 39, 40).

L'an   le   à   heure   en la salle de   ouverte au public,

Nous, (nom et prénoms du magistrat) juge au tribunal de première instance de

Assisté de M. (nom et prénoms du greffier ou du commis-greffier) du tribunal d'arrondissement d

Vu le jugement rendu le   par le tribunal d'arrondissement d   lequel, en nous nommant directeur du jury chargé de régler les indemnités conformément à la loi du 3 mai 1841, a prononcé l'expropriation pour cause d'utilité publique des (terrains ou bâtiments) indiqués dans l'arrêté de M. le Préfet du département d   en date du   lesquels consistent :

1° En   (indication de l'immeuble exproprié) appartenant à   et occupé par   en sa qualité de (locataire ou usufruitier) ;

2°

Vu également l'expédition de (l'arrêt ou du jugement de la première chambre de la Cour d'appel ou du tribunal du chef-lieu judiciaire d   ) contenant le choix fait sur la liste dressée par le conseil général de département des personnes appelées à former le jury spécial chargé de fixer définitivement le montant des indemnités dues par suite de l'expropriation dont il s'agit.

Vu la représentation des originaux de convocation des jurés et des parties, ensemble de la notification auxdites parties des noms des jurés, suivant exploits du ministère de   huissier, en date des

Déclarons la séance ouverte.

Aussitôt, il a été procédé à l'appel nominal de MM. les jurés, qui ont répondu, à l'exception de M.   qui, ne nous

ayant fait parvenir aucune excuse, doit être condamné à l'amende
aux termes de l'article 32 de la loi du 3 mai 1841.

(Suit l'ordonnance de condamnation.)

Et, vu l'absence de M.   juré titulaire, nous avons
complété le nombre de seize exigé par l'article 30, par l'adjonction de M.   premier juré supplémentaire.

Nous avons ensuite prévenu les parties intéressées qu'il allait
être procédé à l'appel des causes sur lesquelles le jury doit statuer, en les avertissant que l'administration a le droit d'exercer,
lors de cet appel, deux récusations péremptoires, la partie adverse
ayant le même droit, et que dans le cas où plusieurs intéressés
figureraient dans la même affaire, ils doivent s'entendre pour
l'exercice de ce droit, sinon le sort désignerait ceux qui devraient
en user.

Le greffier a appelé successivement les causes :

1°   (nom, prénoms, etc.   ). et le sieur

L'appel de cet affaire a été suivi immédiatement de la formation du jury de jugement chargé de fixer définitivement le montant de l'indemnité ;

A cet effet, il a été fait un nouvel appel des seize jurés présents ;
ainsi qu'il suit :

M.   (ici se place la mention des récusations, s'il en a
été fait).

Le jury de jugement étant composé, MM. les jurés, chacun
individuellement, ont prêté serment de remplir leurs fonctions
avec impartialité.

Nous avons lu ensuite à MM. les jurés l'art. 37 de la loi du 3
mai 1841, et mis sous leurs yeux 1° le tableau des offres et
demandes notifiées en exécution des art. 23 et 24 de la loi
précitée ;

2° Les plans parcellaires dressés en conformité de cette loi,
les titres et documents produits par les parties à l'appui de leurs
offres et demandes.

Les parties ont présenté leurs moyens et observations: l'administration représentée par   et le sieur   par   (1).

Les parties ainsi entendues et le jury ne demandant aucun
éclaircissement en plus outre, nous avons déclaré l'instruction
close, et invité immédiatement MM. les jurés à se retirer dans leur
chambre pour délibérer ; après les avoir avertis qu'ils doivent
le faire sous la présidence de l'un d'eux qu'ils désignent à l'ins-

---

(1) Nous rappellerons ici que le jury peut se transporter sur les
lieux ou déléguer à cet effet un ou plusieurs de ses membres (art. 37) ;
s'il en était ainsi, le procès-verbal devrait faire mention de cette circonstance, de la suspension par suite prononcée du jugement de l'affaire, de la reprise de la séance publique, de la parole donnée de
nouveau aux parties et de la continuation du jugement de l'affaire.

tant même, et qu'ils ne doivent communiquer avec personne
jusqu'après leur délibération.

MM. les jurés se sont retirés et la séance a été suspendue.

Après   heure de délibération, MM. les jurés étant
rentrés, nous avons déclaré la séance reprise et nous leur avons
demandé de nous faire connaître leur décision dont la teneur
suit et qui a été lue toujours en séance publique à haute voix :

(Suit le texte de cette décision).

En conséquence, vu les pouvoirs qui nous sont conférés par
l'art. 41 de la loi du 3 mai 1841, nous déclarons exécutoire la
décision qui précède, envoyons   en possession de
appartenant au sieur   à charge par   de se
conformer aux dispositions des art. 53 et suivants de la loi précitée, relatifs au paiement des indemnités.

Et, attendu que l'indemnité fixée par le jury est (supérieure,
ou inférieure, ou égale à celle offerte ou demandée), nous condamnons   aux dépens : lesquels dépens sont taxés,
savoir : ceux de   à la somme de   ceux de
          à la somme de

Ce fait, nous avons dressé du tout procès-verbal signé de
nous et de notre greffier et levé la séance les jour, mois et an
ci-dessus.

(Signatures du Magistrat directeur et du Greffier).

FORMULE N° 20.

*Notification de la décision du jury et de l'ordonnance du magistrat
directeur, qui la déclare exécutoire.*

(Loi 3 mai 1841, art. 41.—Ord. 18 sept. 1833, art. 1ᵉʳ, n° 8).

L'an
A la requête de
J'ai   (immatricule de l'huissier) notifié au sieur
Copie au long de l'extrait du procès-verbal en date du
de la séance du jury d'expropriation pour cause d'utilité publi-
que séant à   lequel extrait comprend :

1° La décision rendue le   par le jury de jugement
chargé de fixer l'indemnité, qui lui était due par suite de l'expropriation prononcée contre lui, le   par jugement
du tribunal d'arrondissement d

2° L'ordonnance rendue le même jour par M. le magistrat
directeur du jury, qui déclare cette décision exécutoire.

Et, afin que ledit sieur   n'en ignore et ait à tenir et
garder état de la notification, qui lui est faite, je lui ai laissé copie
du présent dont le coût est de

(Signature de l'Huissier).

FORMULE N° 21.

*Notification du pourvoi en cassation formé contre la décision du jury
et l'ordonnance du magistrat directeur.*

(Loi 3 mai 1841, art. 42. — Ord. 18 septembre 1833, art. 2, n° 1).

Voir Formule n° 9, page 185.

FORMULE N° 22.

*Déclaration du propriétaire exproprié au magistrat directeur du jury
tendant à ce que les bâtiments dont il est nécessaire d'acquérir
une partie, soient achetés en entier.*

(Loi 3 mai 1841, art. 50. — Ord. 18 septembre 1833, art. 2, n° 7).

L'an   le
A la requête de
J'ai (immatricule de l'huissier) dit et signifié à M.
magistrat directeur du jury chargé de régler les indemnités dues
en raison de l'expropriation suivie pour l'établissement de
en son domicile où étant et parlant à
Que mon requérant est propriétaire à   de
dont l'expropriation pour cause d'utilité publique a été prononcée
par jugement du tribunal de   en date du
Mais cette expropriation n'est que partielle et le requérant reste
chargé d   qu'il ne peut être tenu de conserver.
C'est pourquoi, mondit requérant déclare formellement, par
le présent, audit M.   en sa qualité spéciale, requérir que
la totalité de   compris dans l'expropriation soit achetée,
conformément au droit que lui reconnaît l'article 50 de la loi du
3 mai 1841.
A laquelle fin et pour qu'il ait à tenir et garder état de cette
déclaration, j'ai laissé à mondit sieur   copie du présent
dont le coût est de

(Signature de l'Huissier).

FORMULE N° 23.

*Procès-verbal d'offres réelles et d'acceptation du montant des indem-
nités fixées par le jury.*

(Loi 3 mai 1841, art. 53 — Ord. du 18 septembre 1833, art. 3, n° 1)

L'an   le
A la requête de
J'ai (immatricule de l'huissier) dit et déclaré au sieur
que, par décision en date du   suivie de l'ordonnance du

magistrat directeur, le jury chargé de régler les indemnités dues par suite de l'expropriation de   a fixé l'indemnité lui revenant à

C'est pourquoi, je lui ai, parlant comme dit est, exhibé à deniers découverts, compté et offert réellement ladite somme de
en   pièces de   le sommant de la recevoir et de m'en donner quittance.

Et, attendu que ledit sieur   s'est saisi de la somme ci-dessus offerte et m'en a donné quittance, j'ai rédigé du tout procès-verbal taxé à   dont je lui ai laissé copie, dont acte.

(Signature de l'Huissier).

FORMULE N° 24.

Procès-verbal d'offres réelles et de refus du montant des indemnités fixées par le jury, avec sommation au refusant d'assister à la consignation.

(Loi 3 mai 1841, art. 53. — Ord. 18 septembre 1833, art. 3, n° 1).

L'an   le
A la requête de
J'ai (immatricule de l'huissier) dit et déclaré au sieur
Que, par décision en date du   suivie de l'ordonnance du magistrat directeur, le jury chargé de régler les indemnités dues par suite de l'expropriation de   , a fixé l'indemnité lui revenant à

C'est pourquoi, je lui ai, parlant comme dit est, exhibé à deniers découverts, compté et offert réellement la somme de
en   pièces de   , le sommant de la recevoir et de m'en donner quittance.

Mais, attendu que le sieur   a déclaré refuser lesdites offres, prétendant que   , je me suis ressaisi de la somme offerte.

Et, vu le refus des offres réelles présentement faites, j'ai, même requête que dessus et parlant comme dit est, sommé le sieur   de se trouver le   à   (heure) à la caisse des dépôts et consignations au domicile de M.   demeurant à   rue   pour assister à la consignation, qui sera faite de la somme qui lui a été offerte ci-dessus ; lui déclarant que, présent ou absent, il sera passé outre à ladite consignation.

C'est pourquoi j'ai dressé du tout procès-verbal taxé à
dont je lui ai laissé copie, afin qu'il n'en ignore.

(Signature de l'Huissier).

FORMULE N° 25.

Procès-verbal de consignation.

(Loi 3 mai 1841, art. 53.—Ord. 18 Septembre 1833, art. 3, n° 2).

L'an   le
A la requête de
Je, soussigné, (immatricule de l'huissier) déclare, m'être présenté
à la caisse des dépôts et consignations, au domicile de M.
pour opérer la consignation de la somme de   conformément au procès-verbal de mon ministère, dressé le   et
signifié le même jour au sieur   lequel procès-verbal
contient tout à la fois l'offre réelle, qui lui était faite, de ladite
somme de   , son refus d'accepter cette somme et la
sommation d'assister à la consignation que j'en ferais aujour-
d'hui.
    Et, attendu qu'il est   (heure) et que le sieur
ne se présente pas, ni personne pour lui, j'ai, malgré son absence,
déposé entre les mains de M.   la somme totale de
       en   pièces de   de laquelle somme
ledit sieur   m'a donné quittance au nom de mon
requérant.
    Et j'ai du tout dressé le présent procès-verbal taxé à
dont j'ai laissé copie audit sieur   qui a visé l'original.
                    (*Signature de l'Huissier*).

FORMULE N° 26.

Sommation d'assister à la consignation non précédée d'offres réelles.

(Loi 3 mai 1841, art. 54. — Ord. 18 septembre 1833, art. 1, n° 9).

L'an   le
A la requête de
J'ai   (immatricule de l'huissier).
Conformément aux dispositions de l'article 54 de la loi du 3
mai 1841, et attendu qu'il existe des obstacles au versement entre
les mains du ci-après nommé du montant de l'indemnité fixée par
le jury d'expropriation pour cause d'utilité publique suivant décision du
Sommé le sieur
d'assister le   à   (heure) à la consignation que
je ferai de la somme de   qui lui a été accordée par la
décision prédatée, à la caisse des dépôts et consignations, au
domicile de M.   (qualité) demeurant à   rue
       lui déclarant que, présent ou absent, il sera procédé à
ladite consignation ; à laquelle fin et à ce qu'il n'en ignore je lui
ai laissé copie du présent dont le coût est de
                    (*Signature de l'Huissier*).

FORMULE N° 27.

Sommation au Préfet pour qu'il soit procédé à la fixation de l'indemnité.

(Loi 3 mai 1841, art. 55.—Ord. 18 sept. 1833, art. 1, n° 10).

L'an
A la requête de
J'ai   (immatricule de l'huissier),
dit et signifié à M. le Préfet du département d   en son hôtel où étant et parlant à
Que, par jugement rendu le   par le tribunal d'arrondissement d   , le requérant a été exproprié pour cause d'utilité publique de   ; que plus de six mois se sont écoulés depuis le jugement, sans que l'administration ait poursuivi le réglement de l'indemnité due par suite de cette expropriation.
En conséquence, vu l'article 55 de la loi du 3 mai 1841,
J'ai, même requête que dessus et parlant comme dit est, sommé mondit sieur Préfet d'avoir à faire connaître à mon requérant, dans le plus bref délai, l'indemnité qu'il croirait lui être due, celui-ci se réservant à tous ses droits d'acceptation ou de refus, et de se pourvoir, s'il y a lieu, ainsi qu'il appartiendrait, pour exiger qu'il soit procédé à la fixation de cette indemnité.
A laquelle fin, j'ai laissé copie du présent dont le coût est de

(Signature de l'Huissier).

FORMULE N° 28.

Réquisition par le propriétaire de la consignation des sommes offertes et acceptées.

(Loi 3 mai 1841, art. 59.—Ord. 18 sept. 1833, art. 1er, n° 11).

L'an
A la requête de
J'ai (immatricule de l'huissier)
dit et déclaré à M. le Préfet d
que mon requérant, ainsi que cela résulte d'un exploit du ministère de   en date du   a accepté l'offre de qui lui a été faite par l'administration le   par acte du ministère de   , pour indemnité de l'expropriation pour cause d'utilité publique prononcée contre lui par jugement du tribunal d'arrondissement de   en date du   de
lui appartenant, situés à
Et, attendu qu'il n'y a pas eu contestation de la part des tiers dans les délais prescrits par les articles 24 et 27 de la loi du 3 mai 1841, sur le montant de l'indemnité; qu'ainsi le requérant

a le droit, aux termes de l'article 59 de la loi précitée, d'exiger que cette indemnité soit versée à la caisse des dépôts et consignations;

J'ai, même requête que dessus et parlant comme est dit, sommé mondit sieur Préfet de, dans le plus bref délai, verser à la caisse des dépôts et consignations le montant de l'indemnité indiquée plus haut, pour être remis ou distribué ultérieurement à qui il appartiendra, selon les règles du droit commun ;

Lui déclarant que, faute par lui d'obtempérer à la présente sommation dans un temps raisonnable, mon requérant se pourvoira par toutes voies de droit pour l'y contraindre.

A laquelle fin je lui ai laissé copie du présent dont le coût est de

(Signature de l'Huissier).

FORMULE N° 29.

Avis faisant connaître les terrains que l'administration est dans le cas de revendre.

(Loi 3 mai 1841, art. 61).

Nous, préfet du département d
faisons connaître à qui de droit que l'administration est dans le cas de revendre   (indiquer avec détail les immeubles)
          dont l'expropriation pour cause d'utilité publique avait été prononcée par jugement rendu le   par le tribunal d'arrondissement d

Nous rappelons, en outre, qu'aux termes de l'article 64 de la loi du 3 mai 1841, les anciens propriétaires des terrains ou bâtiments compris dans ladite expropriation, qui veulent réacquérir la propriété desdits terrains ou bâtiments à revendre, sont tenus de le déclarer dans les trois mois de la publication du présent avis, ainsi que de passer le contrat de rachat et d'en payer le prix, dans le mois de la fixation de ce prix, soit amiable, soit judiciaire; le tout à peine de déchéance du privilége que leur accorde l'article précité.

Fait en notre hôtel, le   jour   mois
an.   *(Signature).*

FORMULE N° 30.

Déclaration des anciens propriétaires de leur volonté de réacquérir la propriété des terrains expropriés et non employés.

(Loi 3 mai 1841, art. (60) 61.—Ord. 18 sept. 1833, art. 2, n° 8).

L'an
A la requête de
J'ai   (immatricule de l'huissier).
dit et déclaré à M. le Préfet du département d   que, par jugement rendu le   par le tribunal d'arrondissement d   mon requérant a été exproprié pour cause d'utilité publique de   situés commune d   .

canton d   arrondissement d   les travaux
pour l'exécution desquels ces   (terrains ou bâtiments)
avaient été acquis, sont achevés aujourd'hui, et   (indiquer la partie restée en dehors des travaux) n'ont pas reçu la
destination projetée.

C'est pourquoi, vu d'ailleurs l'avis de M. le Préfet en date du
       , mon requérant entend user de la faculté accordée par
l'article 60 de la loi du 3 mai 1841.

En conséquence, j'ai, même requête que dessus et parlant
comme dit est, déclaré à mondit sieur Préfet que mon requérant
demande dès à présent la remise de   (indiquer l'objet
par le lieu de sa situation, sa contenance et ses abornements)
aux obéissances de passer le contrat de rachat et d'en payer le
prix, qui sera fixé à l'amiable, ou, s'il n'y avait pas accord, par
le jury dans les formes légales et les délais de droit.

Et je lui ai laissé copie du présent dont le coût est de

(Signature de l'Huissier).

FORMULE N° 31.

*Notification à faire lorsqu'il y a urgence de prendre possession des
terrains non bâtis soumis à l'expropriation.*

(Loi 3 mai 1841, art. 63.—Ord. 18 sept. 1833, art. 1er, n° 1).

L'an
A la requête de
J'ai   (immatricule de l'huissier) soussigné, signifié,
au sieur
1° Copie entière du décret rendu le   par le chef du
pouvoir exécutif déclarant l'urgence de prendre possession des
terrains non bâtis soumis à l'expropriation pour cause d'utilité
publique prononcée par jugement du tribunal d'arrondissement
de   rendu le
2° L'extrait contenant les noms des propriétaires expropriés,
les motifs et le dispositif dudit jugement, lequel prononce l'expropriation pour cause d'utilité publique des terrains indiqués
dans l'arrêté de M. le Préfet du département d   en
date du
Et j'ai, même requête que dessus et parlant comme dit est,
assigné ledit sieur   à comparaître au délai de trois
jours, à partir de celui-ci, devant le tribunal civil d'arrondissement d   pour voir dire que le montant de la somme
à consigner sera déterminé par le tribunal ;
Déclarant en même temps au sieur   que l'administration fixe à   (énoncer la somme) l'indemnité qu'elle
croit lui être due pour raison de   lui appartenant et
compris dans le jugement d'expropriation ci-dessus visé.

A ce qu'il n'en ignore, je lui ai laissé copie du présent dont le
coût est de

(Signature de l'Huissier).

TABLE CHRONOLOGIQUE DES ARRÊTS.

Années.	Noms des parties.	Espèce de l'arrêt.	Journal DU PALAIS.			Sirey.		Dalloz.	
			Vol.		Pag.	Vol.	Pag.	Vol.	Pag.
1834									
Janv. 28	Dumarest C. Mellet et Henri.	C.	1834		95	1834	206	1834	48
Juin 9	De Montmorency C. commune de Fontaine-Ledun.	R.	»		612	»	711	»	328
Id. 9	De Boubers C. ministre du comm.	R	»		482	1835	37	»	337
Juillet 1er	Dumarest C. Mellet et Henri.	C.	»		691	1834	623	»	295
Sept. 26	Administration du canal de Roanne C. Ducoing.	C.	»		953	1835	174	1835	112
Déc. 22	Senez C. préfet maritime de Toulon.	R.	»		1169	»	172	»	112
1835									
Janv. 19	Comm. de Charnay C. Gillemineau.	R.	1835		1278	1835	172	»	113
Avril 8	Préfet des Ardennes C. commune d'Attigny.	R.	»		42	»	300	»	217
Mai 11	Dumarest C. Mellet et Henri.	R.	»		165	»	949	»	307
Déc. 9	Bartier et Næmenroa C. préfet de la Seine.	C.	»		777	1836	67	1836	47
1836									
Janv. 6	Gaullieur l'Hardy C. Boyer Fonfrède.	C.	1836		893	»	5	»	49
Id. 11	Préfet de la Côte-d'Or C. commune de Chazilly.	R.	»		912	»	12	»	51
Fév. 2	Houzet C. préfet du Nord.	C.	»		1020	»	337	»	85
Juillet 5	Dusserech C. préfet du Lot.	C.	1837	1	119	»	918	»	304
Nov. 21	Préfet du Puy-de-Dôme C. Courzon et autres.	R.	»		118	»	920	1837	52
Id. 23	Préfet de la Sarthe C. Bruneau.	R.	»		316	»	890	»	14
1837									
Janv. 2	Préf. de l'Hérault C. Glaize et Sagnier.	C.	»	1	150	1837	20	»	177
Id. 2	Arizoli C. Pereire, comp. du chemin de fer de St-Germain.	R.	»		577	»	615	»	210
Id. 18	Houzet C. préfet du Nord et ville de Roubaix.	C.	»		83	»	124	»	228
Février 7	Parmentier Carlier C. Urbain et Picard.	C.	»		94	»	126	»	178
Id. 27	Urbain et Piart C. Devienne et Dullot.	R.	»		334	»	272	»	262
Déc. 6	Berard C. préfet de la Sarthe.	C.	1838	1	304	1838	228	1838	39
1838									
Avril 4	Liste civile C. Charpentier.	R.	»	2	103	»	521	»	173
Id 23	Pr. du roi pr. le trib. de Neufchâteau.	C.	»	1	624	»	458	»	203
Id. 23	Préfet de l'Oise C. Pollet.	R.	»		596	»	454	»	288
Id. 30	Commune des Moulins C. Lhoir.	R.	»	2	60	»	456	»	203
Juillet 11	Préfet de la Drôme C. Rousset et autres.	R.	»		441	»	787	»	328
Août 21	Admin. de la Guerre C. Saurin.	C.	»		203	»	787	»	366
Id. 21	Charrière C. ville du Mans.	C.	1847	1	215	»	878	»	366
Id. 21	Préf. des Vosges C. Aptel et Dem.	R.	»		213	»	975	»	383
Id. 22	Houzet et autres C. préfet du Nord.	R.				»	1002	»	367
Nov. 27	Préfet de la Gironde C. Coudère et autres.	R.	»		548	»	994	»	406

Années.	Noms des parties.	Espèce de l'arrêt.	Journal DU PALAIS. Vol.	Pag.	Sirey. Vol.	Pag	Dalloz. Vol.	Pag
1838								
Déc. 19	Préfet de Seine-et-Oise C. comp. du chemin de fer de Versailles.	C.	1842 2	674	1839	255	1839	30
Id. 31	Cherrin, Trochu et autres C. comm. de la Croix-Rousse.	C.	1839 1	5	»	19	»	53
1839								
Janv. 9	Riant, Mignon et autres C. comp. du chemin de fer de Paris.	C.	1846 2	657	»	129	»	68
Mars 25	Viel C. comp. du ch. de f. de Versailles	C	1842 2	748	»	323	»	140
Id. 25	Ste-Phalle C. préf. de Seine-et-Marne.	C.	1843 2	760	»	403	»	139
Id. 27	Procureur du roi de Draguignan C. Peyrremond.	C	»	759	»	404	»	140
Avril 5	Royer et autres C. préfet de la Seine.	R.			»	398	»	161
Id. 30	Comm. de Cogolin C. Béranguier.	R.	1846 2	656	»	606	»	193
Juillet 3	Hérit. Bourgon C. ville de Besançon.	C.	»	544	»	748	»	267
Id. 9	Préfet de la Haute-Saône C. Dépoire.	R.	»	655	»	792	»	279
Id. 9	Zanole C. ville d'Orléans.	R.	»	654	»	801	»	280
Id. 22	S.-préfet de St-Pol C. Allard et autr.	R.	»	640	»	801	»	281
Id. 22	Comm. de St-Vincent-de-Paule C. préfet de la Gironde.	R.	1843 2	409	»	802	»	288
Août 28	Hanaire et Appay c. ville de Paris.	C	1841 2	734	»	794	»	357
Déc. 30	Préfet de Seine-et-Oise C. Finet.	R.	1846 2	546	1840	444	1840	76
Id. 31	Proc-général C. ch. de f. de Mulhauzen.	C.			»	158	»	77
Id. 31	Proc.-génér. C. ch. de f. de Strasbourg.	C			»	158	»	77
1840								
Janv. 13	De Valbrunne C. préf. de la Dordogne.	C.	1840 1	56	»	157	»	91
Id. 13	Concessionn. de la Scarpe C. Favier.	R.	»	54	»	159	»	91
Id. 13	Préfet de la Drôme C. Forquet.	R.	»	185	»	161	»	96
Février 5	Charnay C. préfet de la Seine.	C.	»	307	»	162	»	127
Id. 5	Lachiche C. préfet de la Seine	C	»	213	»	165	»	119
Id. 5	Galopin C. Ville de Paris.	C.	»	213	»	166	»	119
Id. 25	Valogne C. préfet de Seine-et-Oise.	R.	»	233	»	212	»	145
Id. 25	Préfet de la Marne C. Ponsard.	C.	»	245	»	274	»	145
Avril 14	Préfet de la Corrèze C. Monteil.	C.	»	525	»	445	»	175
Id. 15	Maury et autres C. préfet de la H.-V.	R.	» 2	167	»	706	»	185
Mai 26	Paris C. préfet des Deux-Sèvres.	C.	»	474	»	707	»	233
Id. 26	Hanaire et Appay C. ville de Paris.	R.	1841 2	736	»	712	»	215
Juin 22	Kœchlin C. Scheuh et autres.	C.	1840 2	468	»	707		
Id. 23	Lacoste de l'Ile C. préfet de Tarn et Garonne.	C.	»	470	»	705	»	239
Juillet 20	De Lesdiguières C. préf. de la Drôme.	C.	»	471	»	705	»	267
Id. 20	Bayle C. préfet de la Drôme.	C.	»	471	»	706	»	268
Août 3	Kœchlin C. Keutler.	C.	»	476	»	711	»	288
Id. 17	Delessert C. comp. du chemin de fer d'Orléans.	R.	»	211	»	714	»	309
1841								
Janv. 26	Ville de Paris C. Charnay et autres.	R.	1841 1	196	1841	229	1841	93
Fév. 24	Canal de Givors C. Dubouchet.	C	» 2	661	»	229	»	147
Mars 24	Préfet des Bouches-du-Rhône C. de Grignan.	R	1847 1	216	»	344	»	193
Mai 3	Chamecin C. préfet du Jura.	R.	1841 2	334	»	691	»	242
Juillet 20	Ville de Besançon C. Bourgon.	C.	»	354	»	665	»	286
Août 4	De Coniac C. préf. des Côtes-du-Nord.	C.	» 2	377	»	661	»	344
Id. 10	Raimbault et autres C. Pilloy et Legrand.	C.	»	376	»	692	»	313

Années	Noms des parties.	Espèce de l'arrêt	Journal du Palais. Vol.	Pag.	Sirey. Vol.	Pag	Dalloz. Vol.	Pag
1841								
Août 10	Forquet C. préfet de la Drôme.	R.	1847 1	217	1841	888	1841	313
Id. 11	Desbrosses C. ville de la Rochelle.	R.	1841 2	285	»	670	»	102
id. 25	Lenormand C. comp. du ch. de fer de Paris à Rouen.	R.	1843 1	33	»	693		
Nov. 22	De Garel C. préfet de la Seine.	C.	1841 2	661	1842	129	»	385
1842								
Janv. 12	Meritan et autres C. maire d'Art.	R.	1842 2	17	»	420	1842	146
Fév. 9	Préfet des Landes C. Dupuy et autres.	C.	» 1	303	»	262	»	76
Id. 23	Rouanet C. le préfet de l'Aude.	C.	»	304	»	263	»	117
Id.. 23	Préfet de l'Aveyron C. Albin et Peyayrolles.	C.	»	309	»	263	»	86
Mars 14	Jayle C. préfet de Tarn-et-Garonne.	C.	»	735	»	437	»	158
Id. 29	Préfet de la Nièvre C. Gueultenard.	C.	»	490	»	355	»	179
Avril 4	Desgrais C. maire de Batignolles.	R.	»	488	»	297	»	246
Id. 20	Bourgon C. ville de Besançon.	R.	» 2	19	»	422	»	214
Mai 23	Préfet de l'Isère C. Lebrun et autres.	C.	»	135	»	571	»	266
Id. 30	Préfet du Finistère C. Lehir.	R.	»	397			»	280
Juin 21	Préfet d'Indre-et-Loire C Trobriand.	R.	»	129	»	573	»	272
Id. 21	Préfet de la Vendée C. Pondeviès vᵉ Plumans.	C.	»	117	»	574	»	271
Id. 21	Préfet du Jura C. com. des Essarts.	R.	»	159	»	575	»	274
Juillet 5	St-Albin C. préfet de la Seine.	C.	»	208	»	671	»	334
Déc. 6	Vaissier C. préfet du Doubs.	C.	»	749	1843	66	1843	34
Id. 14	Mailler C. préfet de la Manche.	R.	1843 1	33	»	68	»	156
Id. 14	Dupontavice C. préfet du Calvados	C.	»	378	»	171	»	96
Id. 20	Préfet d'Ile et-Vilaine C. Thomas.	R.	»	257	»	70	»	158
1843								
Janv. 2	Laffite et cie C. préfet de la Seine.	C.	»	129	»	20	»	80
Fév. 15	De Semalé C. préfet de la Manche.	C.	»	295	»	127	»	109
Id. 15	Rebellac C. préfet de l'Hérault.	C.	»	296	»	220	»	109
Mars 1ᵉʳ	Labbé C. préfet de la Seine.	R.	»	510	»	315	»	161
Id. 27	Cluse C. préfet de Vaucluse.	R.	» 2	89	»	343	»	217
Id. 27	Thinières C. préfet du Lot.	R.	» 1	635	»	439	»	189
Avril 4	Soulbien et autres C. comm. Cintray	C.	»	636	»	344	»	192
Id. 11	De Joybert C. préfet de la Marne.	C.	»	672	»	463	»	265
Id. 26	Mouruan C. l'Etat.	R.	» 2	209	»	620	»	266
Mai 3	De Tantegnies C. préfet du Pas-de-Calais.	R.	» 1	664	»	504	»	336
Id. 9	Acoquat-Fontvive C. préfet de l'Ariége.	C.	» 2	521	»	798	»	361
Id. 9	Préfet de la Vendée C. Bonnefond.	R.	»	36			»	212
Id. 10	Préf. de la Somme C. Remy et autres.	R.	»	211	»	505	»	361
Id. 15	De St-Albin C. préfet de la Seine.	C.	»	211	»	498	»	311
Id. 15	Corneille C. Bernek-Plilipon.	C.	»	200	»	622	»	287
Id. 22	Mauduit C. préfet du Finistère.	C.	»	221	»	529	»	328
Juin 12	Benoit C. préf. des Bouches-du-Rhône	R.	»	196	»	483	»	314
Juillet 3	Castex C. préf. de Tarn-et-Garonne.	C.	»	294	»	578	»	369
Id. 9	Verdière C. préfet du Nord.	C.	»	584	»	784	»	404
Id. 11	Préfet du Nord C. Blanquard.	C.	»	295	»	732	1844	47
Id. 31	Jayle. C. préf. de Tarn-et-Garonne.	R.	»	363			1843	408
Août 11	Préfet de l'Hérault C. Bonenfant.	C.	»	638	»	935	»	450
Id. 14	Armspach C. préfet de Seine-et-Oise.	R.	»	587	»	887	»	411

Années.		Noms des parties.	Espèce de l'arrêt.	Journal DU PALAIS.		Sirey.		Dalloz.		
				Vol.	Pag.	Vol.	Pag	Vol.		Pag
1843										
Août	16	Adm. de l'enregist. C. chemin de fer de Versailles.	C.	1844 1	179	1843	822	1843		457
Id.	21	Préfet du Pas-de-Calais C. Bouchez	R.	1843 2	658	»	880	»		450
Id.	21	Reulos et Lemartre C. com. de Marcé.	C.	»	664	»	914	»		450
Id.	29	Préfet de l'Aisne C. François.	C.	»	386	»	817	»		459
Nov.	22	Du Couedic C. préfet du Finistère.	C.	1844 1	354	1844	247	1844		45
Id.	28	De Salaze C. préfet du Var.	R.	»	635	»	247	»		29
Déc.	11	Dupontavice C. comm. du Chatelier.	C.	»	351			»		65
Id.	13	Proc. du roi de Calvi C. Piccioni et aut.	R.	»	29	»	39	»		27
1844										
Janv.	2	Maury C. commune de la Rouvière.	C.	»	152	»	153	»		72
Id.	2	Dupontavice C. préfet du Calvados.	C.	»	65	»	185	»		76
Id.	2	Dutertre.	C.	»	356	»	318	»		76
Id.	3	Chem. de fer de St-Germain C. préf. de la Seine.	R.	»	152	»	154	»		89
Id.	15	Préfet du Var C. Verlaque.	R.	»	623	»	353	»		121
Id.	16	Cottin C. préfet de la Seine.	R.	1846 1	760	»	374	»		83
Fév.	6	Préfet de l'Hérault C. Jancen et autres.	R.	1844 1	274	»	328	»		165
Mars	4	Fourtanier C. préfet de la Haute-Garonne.	R.	»	372	»	329	»		112
Id.	4	Luys C. préfet de la Seine.	R.	»	691	»	375	›		186
Id.	4	Préfet de l'Allier C. Fleury.	R.	»	687	»	446	»		185
Id.	5	Manechalle et Bruneau C. préfet du Rhône.	C.	»	716	»	383	»		177
Id.	5	François C. commune de La Villette.	R.	»	759	»	352	»		173
Id.	18	Le duc d'Aremberg C. préfet du Nord.	C.	»	673	»	378	»		186
Avril	29	Préfet de Seine-et-Oise C. Demay.	R.	1846 1	436	»	428	»	4	186
Id.	29	Flecher et Glos C. Donzel.	C.	1844 2	151	»	686	»		252
Id.	30	Singer C. préfet de la Seine.	R	»	109	»	432	»		252
Juin	19	Adm. de l'enreg. C. ville de St Etienne.	C.	»	107	»	493	»		262
Id.	19	Adm. de l'enr. C. ville de Montpellier.	C	»	105	»	494	»		261
Id.	19	Adm. de l'enr. C. Peclet ville d'Evreux.	R.	»	105	».	496	»		262
Id.	24	Laroche C. préfet de la Nièvre.	C.	»	255	»	509	»		331
Id.	26	Préfet des Basses-Alpes C. de Villages.	R.	1847 1	210	»	508	».		320
Juillet	15	Badinaud C. comp. des mines de Montrambert et de Gaillard.	C.	1844 2	160	»	607	»	4	191
Id.	15	Comp. des mines de Montrambert et de Gaillard C. Liogier.	C	»	358	»	607	»		308
Id.	16	Préfet du Lot C. Lacroux Lacoste.	C.	»	357	»	781	»		307
Id.	17	Chion C. préfet de la Drôme.	R.	1845 1	455	1845	234	٨		371
Août	5	Préfet de la Haute-Saône C. Euvrard.	C.	1844 2	161	1844	648	»		302
Id.	5	Préfet d'Ille-et-Vilaine C. N.	R.	»	162	»		»		368
Id.	12	Ruet-Lamothe C. préfet de l'Allier.	R.	»	321	»	786	٨		303
Id.	20	Préfet du Bas-Rhin C. ville de Schelestadt.	R.	»	364	»		»	4	192
Id.	21	Préfet de la Meurthe C. commune d'Einville et Louviot.	C	1845 1	132	1845	41	»		389
Déc.	11	Préfet de la Seine C. St-Albin.	C	»	42	»	32	1845		45
Id.	31	Moureu C. Collet.	C.	»	311	»	110	»		78
Id.	31	Moureu C. Ferre.	C.	»	311			»		78
Id.	31	Moureu C. Pélissier.	C.	»	311			»		78

Années.	Noms des parties.	Espèce de l'arrêt.	Journal DU PALAIS. Vol.	Pag.	Sirey. Vol.	Pag	Dalloz. Vol.	Pag
1845								
Janv. 7	De Clermont C. le préfet de l'Oise.	R.	1845 1	82	1845	15	1845	84
Id. 7	De Mauduit C. préfet du Finistère.	R	»	78	»	16	»	83
Id. 22	Préfet de l'Ain C. Passerat de la Chapelle.	C.	»	109	»	90	»	84
Février 5	Préfet de la Haute-Marne C Boudard.	R.	»	218	»	218	»	152
Mars 5	Le maire de Clermont-Ferrand C. Bigedoux et autres.	R.	»	385	»	430	»	171
Id. 31	Préfet de l'Ain C. Seigne-Martin.	R	»	431	»	307	»	143
Avril 7	Préfet du Nord C. Féron.	R.	»	585	»	529	»	208
Id. 7	Le même C. Jaussenne.	R	»	588	»	531	»	207
Id. 7	Le même C. Verneschi.	R.	»	588	»	531	»	208
Id. 7	Le même C. André	C.	»	588	»	532	»	208
Id. 7	Riadec-Montborne C. préfet du Nord.	R.	»	589	»	532	»	208
Id. 7	Charleus C. préfet de la Nièvre.	C	» 2	542			»	208
Id. 7	Commune de Villapourçon.	C.			1846	462		
Id. 30	Desplats C. préfet du Tarn.	C.	»	273	1845	746	»	296
Mai 20	Manoury C. préfet de la Seine.	R.	» 1	692	»	415	»	295
Id. 28	Barberon C. préfet de l'Indre.	C.	»	732	»	414	»	302
Juin 2	La ville du Mas-d'Agenais C. Lacoste.	C.	» 2	72	»	493	»	295
Jd. 4	Thomas Varennes C. préf de la Seine.	R.	1848 1	577	»	493		
Juillet 1	Le préfet des Bouches-du-Rhône C. v⁰ Desplans.	R.	1845 2	92	»	492	»	351
Id. 15	Ménissier C. du ch. de fer de Sceaux.	R.	»	253	»	688	»	314
Août 11	De Roys de Lavignan St-Michel C. commune de Villecerf.	C.	1846 1	111	»	762	»	360
Id. 20	Le préfet des Pyrénées-Orientales C. Pigade.	C.	»	112	»	766	»	360
Déc. 17	Fiattier et Trochery. C. pr. de la Seine	R.	»	35	1846	106	1846	30
Id. 17	Godefroy C. préfet de la Seine.	C.	»	35	»	167	»	30
1846								
Fév. 2	Le préfet des Bouches-du-Rhône C. Mille.	R.	1847 1	222	»	237	»	78
Id. 2	Le préfet des Bouches-du-Rhône C. Lombardon et autres.	C.	1848 2	694	»	315	»	115
Jd. 9	Le préfet de la Seine C. Larbouillet.	R.	1846 1	343	»	224	»	79
Id. 9	Le préfet de la Seine C Luce et Bedeau.	C.	»	401	»	236	»	79
Id. 16	Le préfet des Bouches-du Rhône C. Berthet.	R.	»	501	»	223	»	63
Id. 16	Le préfet des Bouches-du-Rhône C. hospice de Vitrolles	R.	»	499	»	237	»	64
Id. 25	Chemin de fer de Paris à Rouen.	C.	»	260	»	238	»	119
Avril 20	Commune de St-Martin-ès-Vignes C. Lutel (préfet de l'Aude).	C.	»	713	»	384	»	144
Mai 13	Préfet des Bouches-du-Rh. C. Turcat.	R.	» 2	281	»	582	»	206
Id. 25	Henry C. préf de la Lozère (du Gard).	C.	»	438	»	581	»	211
Id. 26	Lacoste de l'Isle C. le préfet de Tarn-et-Garonne.	R.	»	275	»	580	»	208
Juin 17	Le préfet des Bouches du-Rhône C. Brest.	R.	»	92		580	1851 5	242
Id. 23	Labeaume C. Challier.	C.	1848 2	334	»	575		

Années.	Noms des parties.	Espèce de l'arrêt.	Journal DU PALAIS. Vol.	Pag.	Sirey. Vol.	Pa	Dalloz. Vol.	Pag
1846								
Juin 23	Le préfet du Cher C. prop. de comm. de St-Germain-du-Puch et autres.	R.	1846 2	64	1846	580		
Juillet 22	Henry C. le préfet du Gard.	R.	1847 2	764	»	695		
Août 19	Leguillet C. le préfet de l'Aisne.	R.	1846 2	507	»	877	1846	318
Id. 24	Préfet de la Nièvre C. hér. Delamyre	C.	»	509	»	878	»	329
Id. 24	Forest C. le préfet du Gard.	C.	»	509	»	879	»	329
Id. 24	Benker C. le préfet de l'Hérault	C.	»	547	»	879	»	328
Nov. 24	Girard C. le préfet de l'Indre.	R.	»	640	1847	219	1847 4	248
Id. 24	Orliac C. le préf. de Tarn et-Garonne.	R.	1847 1	727	»	378	»	206
Déc. 2	Chauvin C. préfet de la Charente.	R.	»	469	»	219	» 4	217
Id. 2	Lehir C. le préfet du Finistère.	C.	1846 2	751	»	281	»	59
1847								
Janv. 13	Le conservateur des hypothèques de Corbeil C. chemin de fer.	R.	1847 1	171	»	139	»	71
Fév. 2	Le préfet de la Seine C. Labbé.	C.	»	318	»	280	»	73
Mars 22	Laprade C. préfet de la Haute-Vienne.	C.	»	482	»	304	» 4	248
Mai 10	Etienne et de la Chaume C. comp. du chemin de fer d'Orléans.	C.	»	678	1848	51	» 4	246
Juillet 14	Préf. de la Seine C. Pignard et autres.	R.	» 2	82	1847	593	»	251
Id. 21	Le préfet de la Charente-Inférieure C. Vivielle, Mazerolles.	R.	1848 1	73	»	757	»	262
Août 9	Desmartins et Lecène C. chemin de fer de Lyon.	R.	1847 2	761	»	753	1851 5	244
Id. 17	Pestiaux et autres C. chemin de fer de Montereau à Troyes.	R.	1848 1	696	1848	318		
Nov. 17	Delaselle C. le préfet du Puy-de-Dôme.	C.	1847 2	722	»	51	1848	77
Id. 24	De Mery C. le pr. de Seine-et-Marne.	C.	»	764	»	296	»	159
Déc. 20	Comp. des chem. de fer de Dieppe et Fécamp C. Hocquart.	C.	1848 1	127	»	297	»	159
1848								
Janv. 3	Cortyl C. chemin de fer du Nord.	C	»	31	»	671	»	153
Id. 5	N. C N. (Valrivière C. préfet du Lot).	C	»	31	»	222	»	152
Id. 1er	Darmailhac C. le préf. de la Gironde	C.	»	10	»	158	» 5	183
Id. 25	Le préfet du Bas-Rhin C. Roc-Reines	C.	»	320	»	207	» 5	185
Fév. 2	Emeric-Party C. préfet des Bouches-du-Rhône.	R.	»	718	»	298	» 5	186
Id. 28	Bardout C. le préfet de l'Orne.	C.	»	320	»	403	» 5	186
Mars 6	L'admin. de l'enregistrement C. la ville de Bordeaux.	C.	»	530	»	374	»	72
Id. 13	La ville de Paris C. commune de Batignolles.	C.	»	380	»	379	» 5	184
Nov. 13	L'admin. de l'enregistr. C. chemin de fer de Paris à Versailles.	C.	» 2	532	1849	60	1849	234
1849								
Janv. 2	Le préfet du Cantal C. Dessieur et Greliche.	C.	1849 1	392	»	216	»	74
Id. 15	Morul C. chemin de fer du Nord.	C.	»	393	»	217	»	83
Id. 30	Préfet de Lot-et-Garonne C. Richemont et autres.	R.	»	152	»	216	»	83
Id. 31	Martin C. préfet de l'Orne.	C.	»	153	»	217	» 5	187
Fév. 27	Comp. Hein et Alquier C. chemin de fer du Nord.	C.	1850 1	41	»	215	»	89
Mars 19	Ville de St-Denis C. Anquetin et aut.	R.	1849 1	396	»	370		

Années.	Noms des parties.	Espèce de l'arrêt.	Journal DU PALAIS.		Sirey.		Dalloz.	
			Vol.	Pag.	Vol.	Pag	Vol.	Pag
1849								
Mars 19	Leveau C. ville de St-Denis.	R.	1849 2	232	1849	371	1850 5	248
Avril 2	Carlot-Parquin C. la ville de Paris.	C.	»	33	»	370	1849	79
Id. 16	Riberon et autres C. le préfet de Seine-et-Marne.	C.	»	233	»	369	1850 5	219
Juillet 18	Chemin de fer de Paris à Versailles C. l'adm. de l'enregist.	C:	1850 1	538	»	654	1849	265
Août 22	Alliot C. le préfet de la Seine-Infér.	R.	»	361	1850	137	1851 5	242
1850								
Janv. 29	Buffault C. préfet de la Seine.	C.	»	602	»	192	1850	123
Mars 26	Pascal C. préfet du Var.	C.	»	560	»	400	»	85
Avril 10	Préfet de Maine-et-Loire C. la ville d'Angers.	C.	» 2	40	»	355	»	84
Juillet 3	Préfet de Seine-et-Oise C. Regnier.	R.	»	255	1851	58	»	281
Id. 22	Achardy C. le préfet des Bouches du-Rhône.	R.	»	140	»	57	»	280
Août 26	Compagnie du canal du Midi.	R,	1851 1	169	»	58	»	280
Déc. 31	Héritiers Donzelot C préfet de Seine-et-Oise.	R.	» 2	475	»	364	1851	286
1851								
Janv. 14	Courtine et autres C. le préfet de la Seine.	C	»	209	»	363	»	289
Fév. 17	Colliau-Carment C. préf. de la Seine.	C.	» 1	464	»	272	»	25
Id. 27	Avisse C. le préfet d'Eure-et-Loire.	C.	»	548	»	246	»	157
Mai 19	Préfet des Basses-Alpes C. Ollivier et autres.	C.	» 2	288			»	156
Id. 27	Hubert C. préfet de la Seine.	R	»	288			»	172
Août 18	Sausse C. préf. des Bouches-du Rhône	R.	1852 1	220	»	784	»	229
Id. 25	L'ad. de l'enr. C. préf. de la Seine.	R.	1851 2	210	»	688	»	235
Id. 27	Regnier C. préfet de la Manche.	R	»	477			» 5	243
Déc. 24	Molaix C. préfet de la Seine.	C.	1852 1	71			» 5	244
Id. 24	Duval C. ville de Pa.is.	R.	»	295	1852	124		

APPENDICE.

30 MARS 1831.

Loi relative à l'expropriation et à l'occupation temporaire, en cas d'urgence, des propriétés privées nécessaires aux travaux des fortifications (1).

Art. 1er. Lorsqu'il y aura lieu d'occuper tout ou partie d'une ou de plusieurs propriétés particulières pour y faire des travaux de fortifications dont l'urgence ne permettra pas d'accomplir les formalités de la loi du 8 mars 1810, il sera procédé de la manière suivante :

2. L'ordonnance royale qui autorisera les travaux et déclarera l'utilité publique, déclarera en même temps qu'*il y a urgence.*

3. Dans les vingt-quatre heures de la réception de l'ordonnance du Roi, le préfet du département où les travaux de fortifications devront être exécutés, transmettra ampliation de ladite ordonnance au procureur du Roi près le tribunal de l'arrondissement où seront situés les propriétés qu'il s'agira d'occuper, et au maire de la commune de leur situation.

Sur le vu de cette ordonnance, le procureur du Roi requerra de suite, et le tribunal ordonnera immédiatement que l'un des juges se transportera sur les lieux avec un expert que le tribunal nommera d'office.

Le maire fera, sans délai, publier l'ordonnance royale par affiche, tant à la principale porte de l'église du lieu qu'à celle de la maison commune, et par tous autres moyens possibles. Les publications et affiches seront certifiées par ce magistrat.

3. Dans les vingt-quatre heures, le juge-commissaire rendra, pour fixer le jour et l'heure de sa descente sur-les lieux, une ordonnance qui sera signifiée,, à la requête du procureur du Roi, au maire de la commune où le transport devra s'effectuer, et à l'expert nommé par le tribunal.

Le transport s'effectuera dans les dix jours de cette ordonnance, et seulement huit jours après la signification dont il vient d'être parlé.

Le maire sur les indications qui lui seront données par l'agent militaire chargé de la direction des travaux, convoquera, au moins cinq jours à l'avance, pour le jour et l'heure indiqués par le juge-commissaire :

---

(1) Présentation à la Chambre des Députés, le 9 février (Mon. du 10); rapport par M. Gillon (Jean-Landry), le 6 mars (Mon du 15); discussion, adoption le 14 (Mon. des 15 et 16), à la majorité de 197 voix contre 20.

Présentation à la Chambre des Pairs, le 18 mars (Mon. du 19); rapport par le comte de Villegontier, le 23 (Mon. du 26); discussion, adoption le 25 (Mon, du 26), à la majorité de 101 voix contre une.

1° Les propriétaires intéressés, et, s'ils ne résident pas sur les lieux, leurs agens, mandataires ou ayants-cause ;

2° Les usufruitiers, ou autres personnes intéressées, telles que fermiers, locataires, ou occupants à quelque titre que ce soit.

Les personnes ainsi convoquées pourront se faire assister par un expert ou arpenteur.

5. Un agent de l'administration des domaines et un expert ingénieur, architecte ou arpenteur, désignés l'un et l'autre par le préfet, se transporteront sur les lieux au jour et à l'heure] indiqués pour se réunir au juge-commissaire, au maire ou à l'adjoint, à l'agent militaire et à l'expert désigné par le tribunal.

Le juge-commissaire recevra le serment préalable des experts sur les lieux, et il en sera fait mention au procès-verbal.

L'agent militaire déterminera, en présence de tous, par des pieux et piquets, le périmètre du terrain dont l'exécution des travaux nécessitera l'occupation.

6. Cette opération achevée, l'expert désigné par le préfet procédera immédiatement et sans interruption, de concert avec l'agent de l'administration du domaine, à la levée du plan parcellaire, pour indiquer, dans le plan général de circonscription, les limites et la superficie des propriétés particulières.

7° L'expert nommé par le tribunal dressera un procès-verbal qui comprendra :

1° La désignation des lieux, des cultures, plantations, clôtures, bâtiments et autres accessoires des fonds : cet état descriptif devra être assez détaillé pour pouvoir servir de base à l'appréciation de la valeur foncière, et en cas de besoin, de la valeur locative, ainsi que des dommages et intérêts résultant des changements ou dégâts qui pourront avoir lieu ultérieurement ;

2° L'estimation de la valeur foncière et locative de chaque parcelle de ces dépendances, ainsi que de l'indemnité qui pourra être due pour frais de déménagement, pertes de récoltes, détérioration d'objets mobiliers, ou tous autres dommages.

Ces diverses opérations auront lieu contradictoirement avec l'agent de l'administration des domaines et l'expert nommé par le préfet, avec les parties intéressées, si elles sont présentes, ou avec l'expert qu'elles auront désigné. Si elles sont absentes et qu'elles n'aient point nommé d'expert, ou si elles n'ont point le libre exercice de leurs droits, un expert sera désigné d'office par le juge-commissaire pour les représenter.

8. L'expert nommé par le tribunal devra, dans son procès-verbal :

1° Indiquer la nature et la contenance de chaque propriété, la nature des constructions, l'usage auquel elles sont destinées, les motifs des évaluations diverses, et le temps qu'il paraît nécessaire d'accorder aux occupants pour évacuer les lieux ;

2 Transcrire l'avis de chacun des autres experts, et les observations et réquisitions, telles qu'elles lui seront faites, de l'agent militaire, du maire, de l'agent du domaine, et des parties intéressées ou de leurs représentants. Chacun signera ses dires, ou mention sera faite de la cause qui l'en empêche.

9. Lorsque les propriétaires, ayant le libre exercice de leurs droits, consentiront à la cession qui leur sera demandée, et aux conditions qui leur seront offertes par l'administration, il sera passé entre eux et le préfet un acte de vente qui sera rédigé dans la forme des actes d'administration et dont la minute restera déposée aux archives de la préfecture.

10. Dans le cas contraire, sur le vu de la minute du procès-verbal dressé par l'expert, et de celui du juge-commissaire qui aura assisté à toutes les opérations, le tribunal, dans une audience tenue aussitôt après le retour de ce magistrat, déterminera, en procédant comme en matière sommaire, sans retard et sans frais ;

1° L'indemnité de déménagement à payer aux détenteurs avant l'occupation ;

2° L'indemnité approximative et provisionnelle de dépossession qui devra être consignée, sauf règlement ultérieur et définitif préalablement à la prise de possession.

Ledit jugement déterminera le délai dans lequel, à compter de l'accomplissement de ces formalités, les détenteurs seront tenus d'abandonner les lieux.

Ce délai ne pourra excéder cinq jours pour les propriétés non bâties, et dix jours pour les propriétés bâties.

Le jugement sera exécutoire nonobstant appel ou opposition.

11. L'acceptation de l'indemnité approximative et provisionnelle de dépossession ne fera aucun préjudice à la fixation de l'indemnité définitive.

Si l'indemnité provisionnelle n'excède pas cent francs, le paiement en sera effectué sans production d'un certificat d'affranchissement d'hypothèque et sans formalité de purge hypothécaire.

Si l'indemnité excède cette somme, le Gouvernement fera, dans les trois mois de la date du jugement dont il est parlé dans l'article précédent, transcrire ledit jugement, et purgera les hypothèques légales. A l'expiration de ce délai, l'indemnité provisionnelle sera exigible de plein droit, lors même que les formalités ci-dessus n'auraient pas été remplies, à moins qu'il n'y ait des inscriptions ou des saisies-arrêts ou oppositions. Dans ce cas, il sera procédé selon les règles ordinaires et sans préjudice des dispositions de l'art. 28 de la loi du 8 mars 1810.

12. Aussitôt après la prise de possession, le tribunal procédera au règlement définitif de l'indemnité de dépossession, dans les formes prescrites par les art. 16 et suivants de la loi du 8 mars 1810. Si l'indemnité définitive excède l'indemnité provisionnelle, cet excédant sera payé conformément à l'article précédent.

13. L'occupation temporaire prescrite par ordonnance royale ne pourra avoir lieu que pour des propriétés non bâties.

L'indemnité annuelle représentative de la valeur locative de ces propriétés et du dommage résultant du fait de la dépossession, sera réglée à l'amiable ou par autorité de justice, et payée par moitié, de six mois en six mois au propriétaire et au fermier, le cas échéant.

Lors de la remise des terrains qui n'auront été occupés que temporairement, l'indemnité due pour les détériorations causées par les travaux, ou par la différence entre l'état des lieux au moment de la remise et l'état constaté par le procès-verbal descriptif, sera payée sur règlement amiable ou judiciaire, soit au propriétaire, soit au fermier ou exploitant, et selon leurs droits respectifs.

14. Si, dans le cours de la troisième année d'occupation provisoire, le propriétaire ou son ayant-droit n'est pas remis en possession, ce propriétaire pourra exiger, et l'État sera tenu de payer, l'indemnité pour la cession de l'immeuble, qui deviendra dès lors propriété publique.

L'indemnité foncière sera réglée, non sur l'état de la propriété à cette époque, mais sur son état au moment de l'occupation, tel qu'il aura été constaté par le procès-verbal descriptif.

Tout dommage causé au fermier ou exploitant par cette dépossession définitive lui sera payé après réglement amiable ou judiciaire.

15. Dans tous les cas où l'occupation provisoire ou définitive donnerait lieu à des travaux pour lesquels un crédit n'aurait pas été ouvert au budget de l'Etat, la dépense restera soumise à l'exécution de l'art. 152 de la loi du 25 mars 1817.

---

18 SEPTEMBRE 1833.

Ordonnance du Roi contenant le tarif des frais et dépens, pour tous les actes qui seront faits en vertu de la loi du 7 juillet 1833, sur l'expropriation pour cause d'utilité publique.

Louis-Philippe, etc., sur le rapport de notre garde-des-sceaux, ministre de la justice; vu l'art. 41 de la loi du 7 juillet 1833, sur l'expropriation pour cause d'utilité publique, notre conseil d'Etat entendu, etc.

La taxe de tous actes faits en vertu de la loi du 7 juillet 1833, sera réglée par le tarif ci-après.

CHAPITRE Ier. — Des Huissiers.

Art. 1er. — Il sera alloué à tous huissiers un franc pour l'original

1° De la notification de l'extrait du jugement d'expropriation aux personnes désignées dans les art. 15 et 22 de la loi du 7 juillet 1833;

2° De la signification de l'arrêt de la Cour de cassation (articles 20 et 42 de ladite loi);

3° De la dénonciation de l'extrait du jugement d'expropriation aux ayants-droit mentionnés aux articles 21 et 22;

4° De la notification de l'arrêté du préfet, qui fixe la somme offerte pour indemnités (art. 23).

5° De l'acte contenant acceptation des offres faites par l'administration, avec signification, s'il y a lieu, des autorisations requises (articles 24, 25 et 26).

6° De l'acte portant convocation des jurés et des parties, avec notification aux parties d'une expédition de l'arrêt par lequel la Cour royale a formé la liste de jury (art. 31 et 33).

7° De la notification au juré défaillant de l'ordonnance du directeur du jury qui l'a condamné à l'amende (article 32).

8° De la notification de la décision du jury revêtue de l'ordonnance d'exécution (art. 41).

9° De la sommation d'assister à la consignation dans le cas où il n'y aura pas eu d'offres réelles (art. 54).

10° De la sommation au préfet pour qu'il soit procédé à la fixation de l'indemnité (art. 55).

11° De l'acte contenant réquisition par le propriétaire de la consignation des sommes offertes, dans le cas où cette réquisition n'a pas été faite par l'acte même d'acceptation (art. 59).

12° Et généralement de tous actes simples, auxquels pourra donner lieu l'expropriation.

2. Il sera alloué à tous huissiers, un franc cinquante centimes pour l'original,

1° De la notification du pourvoi en cassation, formé soit contre le jugement d'expropriation, soit contre la décision du jury (articles 20 et 42).

2° De la dénonciation faite au directeur du jury, par le propriétaire ou l'usufruitier, des noms et qualités des ayants-droit, mentionnés au § 1er de l'art. 21 de la loi précitée (art. 21 et 22).

3° De l'acte par lequel les parties intéressées font connaître leurs réclamations (articles 18, 21, 39, 52 et 54).

4° De l'acte d'acceptation des offres de l'administration avec réquisition de consignation (articles 24 et 59).

5° De l'acte par lequel la partie qui refuse les offres de l'administration indique le montant de ses prétentions (articles 17, 24, 28 et 53).

6° De l'opposition formée par un juré à l'ordonnance du magistrat directeur du jury qui l'a condamné à l'amende (art. 32).

7° De la réquisition du propriétaire tendant à l'acquisition de la totalité de son immeuble (art. 50).

8° De la demande à fin de rétrocession des terrains non employés à des travaux d'utilité publique (art. 60 et 61).

9° De la demande tendant à ce que l'indemnité d'une expropriation déjà commencée soit réglée conformément à la loi du 7 juillet 1833 (art. 68).

10° Enfin, de tous actes qui, par leur nature, pourront être assimilés à ceux dont l'énumération précède.

3. Il sera alloué à tous huissiers, pour l'original :

1° Du procès-verbal d'offres réelles, contenant le refus ou l'acceptation des ayants-droit et sommation d'assister à la consignation (art. 53). 2 fr. 25 c.

2° Du procès-verbal de consignation, soit qu'il y ait eu ou non offres réelles (art. 49, 53 et 54). 4 fr.

4. Il sera alloué pour chaque copie des exploits ci-dessus, le quart de la somme fixée pour l'original.

5. Lorsque les copies de pièces dont la notification a lieu en vertu de la loi seront certifiées par l'huissier, il lui sera payé trente centimes par chaque rôle, évalué à raison de vingt-huit lignes à la page et quatorze à seize syllabes à la ligne (art. 57).

6. Les copies des pièces déposées dans les archives de l'administration qui seront réclamées par les parties dans leur intérêt, pour l'exécution de la loi et qui seront certifiées par les agents de l'administration, seront payées à l'administration sur le même taux que les copies certifiées par les huissiers.

7. Il sera alloué à tous huissiers, cinquante centimes pour visa de leurs actes, dans le cas où cette formalité est prescrite.

Ce droit sera double, si le refus du fonctionnaire qui doit donner le visa, oblige l'huissier à se transporter auprès d'un autre fonctionnaire.

8. Les huissiers ne pourront rien réclamer pour le papier des actes par eux notifiés, ni pour l'avoir fait viser pour timbre.

Ils emploieront du papier d'une dimension égale, au moins, à celles des feuilles assujéties au timbre de soixante-dix centimes.

CHAPITRE II.—Des Greffiers.

9. Tous extraits ou expéditions délivrés par les greffiers en matière d'expropriation pour cause d'utilité publique, seront portés sur papier d'une dimension égale à celle des feuilles assujéties au timbre de un franc vingt-cinq centimes.

Ils contiendront vingt-huit lignes à la page et quatorze à seize syllabes à la ligne.

10. Il sera alloué aux greffiers, quarante centimes pour chaque rôle d'expédition ou d'extrait.

11. Il sera alloué aux greffiers, pour la rédaction du procès-verbal des opérations du jury spécial, cinq francs pour chaque affaire terminée par décision du jury, rendue exécutoire.

Néanmoins cette allocation ne pourra jamais excéder quinze francs par jour, quelque soit le nombre des affaires; et dans ce cas ladite somme de quinze francs sera répartie également entre chacune des affaires terminées le même jour.

12. L'état des dépens sera rédigé par le greffier.

Celle des parties qui requerra la taxe, devra, dans les trois jours qui suivront la décision du jury, remettre au greffier toutes les pièces justificatives.

Le greffier paraphera chaque pièce admise en taxe, avant de la remettre à la partie.

13. Il sera alloué au greffier dix centimes pour chaque article de l'état des dépens, y compris le paraphe des pièces.

14. L'ordonnance d'exécution du magistrat directeur du jury, indiquera la somme des dépens taxés et la proportion dans laquelle chaque partie devra les supporter.

15. Au moyen des droits ci-dessus accordés aux greffiers, il ne leur sera alloué aucune autre rétribution à aucun titre, sauf les droits de transport dont il sera parlé ci-après, et ils demeureront chargés:

1° Du traitement des commis greffiers, s'il était besoin d'en établir pour le service des assises spéciales;

2° De toutes les fournitures de bureau nécessaires pour la tenue de ces assises;

3° De la fourniture du papier des expéditions ou extraits qu'ils devront aussi faire viser pour timbre

CHAPITRE III.—Des indemnités de transport.

16. Lorsque les assises spéciales se tiendront ailleurs que dans la ville où siége le tribunal, le magistrat directeur du jury aura droit à une indemnité fixée de la manière suivante:

S'il se transporte à plus de cinq kilomètres de sa résidence, il recevra pour tous frais de voyage, de nourriture et de séjour, une indemnité de neuf francs par jour.

S'il se transporte à plus de deux myriamètres, l'indemnité sera de douze francs par jour.

17. Dans le même cas, le greffier ou son commis assermenté recevra six ou huit francs par jour, suivant que le voyage sera de plus de cinq kilomètres ou de plus de deux myriamètres, ainsi qu'il est dit dans l'article précédent.

18. Les jurés qui se transporteront à plus de deux kilomètres du lieu où se tiendront les assises spéciales, pour les descentes sur les lieux, autorisées par l'article 37 de la loi du 7 juillet 1833, recevront, s'ils en font la demande formelle, une indemnité qui sera fixée, pour chaque myriamètre parcouru, en allant et revenant, à deux francs cinquante centimes. Il ne leur sera rien alloué pour toute autre cause que ce soit à raison de leurs fonctions, si ce n'est dans le cas de séjour forcé en route, comme il est dit ci-après, art. 24.

19. Les personnes qui seront appelées pour éclairer le jury, conformément à l'article 37 précité, recevront, si elles le requièrent, savoir:

Quand elles ne seront pas domiciliées à plus d'un myriamètre du lieu où elles doivent être entendues, pour indemnité de comparution, un franc cinquante centimes.

Quand elles seront domiciliées à plus d'un myriamètre, pour indemnité de voyage, lorsqu'elles ne seront pas sorties de leur arrondissement, un franc par myriamètre parcouru en allant et revenant; et, lorsqu'elles seront sorties de leur arrondissement, un franc cinquante centimes.

Dans le cas où l'indemnité de voyage est allouée, il ne doit être accordé aucune taxe de comparution.

20. Les personnes appelées devant le jury, qui reçoivent un traitement quelconque à raison d'un service public, n'auront droit qu'à l'indemnité de voyage, s'il y a lieu, et si elles la requièrent.

21. Les huissiers qui instrumenteront dans les procédures en matière d'expropriation pour cause d'utilité publique, recevront, lorsqu'ils seront obligés de se transporter à plus de deux kilomètres de leur résidence, un franc cinquante centimes pour chaque myriamètre parcouru en allant et en revenant, sans préjudice de l'application de l'article 35 du décret du 14 juin 1813.

22. Les indemnités de transport ci-dessus établies, seront réglées par myriamètre et demi-myriamètre. Les fractions de huit ou neuf kilomètres, seront comptées pour un myriamètre, et celles de trois à huit kilomètres, pour un demi-myriamètre.

23. Les distances seront calculées d'après le tableau dressé par les préfets, conformément à l'article 92 du décret du 18 juin 1811.

24. Lorsque les individus dénommés ci-dessus seront arrêtés dans le cours du voyage par force majeure, ils recevront en indemnité, pour chaque jour de séjour forcé, savoir :

Les jurés, deux francs cinquante centimes.

Les personnes appelées devant le jury et les huissiers, un franc cinquante centimes.

Ils seront tenus de faire constater par le juge-de-paix, et à son défaut par l'un des suppléants ou par le maire, et à son défaut par l'un de ses adjoints, la cause du séjour forcé en route et d'en représenter le certificat à l'appui de leur demande en taxe.

25. Si les personnes appelées devant le jury sont obligées de prolonger leur séjour dans le lieu où se fait l'instruction, et que ce lieu soit éloigné de plus d'un myriamètre de leur résidence, il leur sera alloué, pour chaque journée, une indemnité de deux francs.

26. Les indemnités des jurés et des personnes appelées pour éclairer le jury, seront acquittées comme frais urgents par le receveur de l'enregistrement, sur un simple mandat du magistrat directeur du jury, lequel mandat devra, lorsqu'il s'agira d'un transport, indiquer le nombre des myriamètres parcourus, et dans tous les cas faire mention expresse de la demande d'indemnité.

27. Seront également acquittées par le receveur de l'enregistrement, les indemnités de déplacement que le magistrat directeur du jury et son greffier pourront réclamer lorsque la réunion du jury aura lieu dans une commune autre que le chef-lieu judiciaire de l'arrondissement. Le paiement sera fait sur un état certifié et signé par le magistrat directeur du jury, indiquant le nombre des journées employées au transport et la distance entre le lieu où siège le jury et le chef-lieu judiciaire de l'arrondissement.

28. Dans tous les cas, les indemnités de transport allouées au magistrat directeur du jury et au greffier resteront à la charge soit de l'administration, soit de la compagnie concessionnaire qui aura provoqué l'expropriation et ne pourront entrer dans la taxe des dépens.

CHAPITRE IV.—Dispositions générales.

29. Il ne sera alloué aucune taxe aux agents de l'administration au-

torisés, par la loi du 7 juillet 1833, à instrumenter concurremment avec les huissiers.

30. Le greffier tiendra exactement note des indemnités allouées aux jurés et aux personnes qui seront appelées pour éclairer le jury et en portera le montant dans l'état de liquidation des frais.

31. L'administration de l'enregistrement se fera rembourser de ses avances comprises dans la liquidation des frais, par la partie qui sera condamnée aux dépens, en vertu d'un exécutoire délivré par le magistrat directeur du jury, et selon le mode usité pour le recouvrement des droits dont la perception est confiée à cette administration.

Quant aux indemnités de transport payées au magistrat directeur du jury et au greffier, et qui, suivant l'article 28 ci-dessus, ne pourront entrer dans la taxe des dépens, elle en sera remboursée, soit par l'administration, soit par la compagnie concessionnaire qui aura provoqué l'expropriation.

---

18 FÉVRIER 1834.

Ordonnance du Roi portant règlement sur les formalités des enquêtes relatives aux travaux publics.

Louis-Philippe, etc., sur le rapport de notre secrétaire d'Etat au département du commerce et des travaux publics ;

Vu l'article 3 de la loi du 7 juillet 1833, ledit article ainsi conçu :

« Tous grands travaux publics, routes royales, canaux, chemins de « fer, canalisation de rivières, bassins et docks, entrepris par l'Etat ou « par compagnies particulières, avec ou sans péage, avec ou sans sub- « side du trésor, avec ou sans aliénation du domaine public, ne pour- « ront être exécutés qu'en vertu d'une loi, qui ne sera rendue qu'après « une enquête administrative.

« Une ordonnance royale suffira pour autoriser l'exécution des rou- « tes, des canaux et chemins de fer d'embranchement de moins de « vingt mille mètres de longueur, des ponts et de tous autres travaux « de moindre importance.

« Cette ordonnance devra également être précédée d'une enquête.

« Ces enquêtes auront lieu dans les formes déterminées par un ré- « glement d'administration publique. »

Vu l'ordonnance réglementaire du 28 février 1831, notre conseil d'Etat, entendu.

Titre Ier.—*Formalités des enquêtes relatives aux travaux publics qui ne peuvent être exécutés qu'en vertu d'une loi.*

Art. 1er.—Les entreprises de travaux publics qui, aux termes du premier paragraphe de l'article 3 de la loi du 7 juillet 1833, ne peuvent être exécutés qu'en vertu d'une loi, seront soumises à une enquête préalable dans les formes ci-après déterminées.

2. L'enquête pourra s'ouvrir sur un avant-projet où l'on fera connaître le tracé général de la ligne des travaux, les dispositions principales des ouvrages les plus importants et l'appréciation sommaire des dépenses.

S'il s'agit d'un canal, d'un chemin de fer ou d'une canalisation de rivière, l'avant-projet sera nécessairement accompagné d'un nivellement en longueur et d'un certain nombre de profils transversaux ; et si le canal est à point de partage, on indiquera les eaux qui doivent l'alimenter.

3. A l'avant-projet sera joint, dans tous les cas, un mémoire descriptif indiquant le but de l'entreprise et les avantages qu'on peut s'en promettre ; on y annexera le tarif des droits, dont le produit serait destiné à couvrir les frais des travaux projetés, si ces travaux devaient devenir la matière d'une concession.

4. Il sera formé, au chef-lieu de chacun des départements que la ligne des travaux devra traverser, une commission de neuf membres au moins et de treize au plus, pris parmi les principaux propriétaires de terres, de bois, de mines, les négociants, armateurs et les chefs d'établissements industriels.

Les membres et le président de cette commission seront désignés par le préfet dès l'ouverture de l'enquête.

5. Des registres destinés à recevoir les observations auxquelles pourra donner lieu l'entreprise projetée seront ouverts, pendant un mois au moins et quatre mois au plus, au chef-lieu de chacun des départements et des arrondissements que la ligne des travaux devra traverser.

Les pièces qui, aux termes des art. 2 et 3, doivent servir de base à l'enquête, resteront déposées pendant le même temps et aux mêmes lieux.

La durée de l'ouverture des registres sera déterminée, dans chaque cas particulier, par l'administration supérieure.

Cette durée, ainsi que l'objet de l'enquête, seront annoncés par des affiches.

6. A l'expiration du délai qui sera fixé en vertu de l'article précédent, la commission mentionnée à l'article 4 se réunira sur-le-champ : elle examinera les déclarations consignées aux registres de l'enquête ; elle entendra les ingénieurs des ponts-et-chaussées et des mines employés dans le département ; et après avoir recueilli, auprès de toutes les personnes qu'elle jugerait utile de consulter, les renseignements dont elle croira avoir besoin, elle donnera son avis motivé, tant sur l'utilité de l'entreprise que sur les diverses questions qui auront été posées par l'administration.

Ces diverses opérations, dont elle dressera procès-verbal, devront être terminées dans un nouveau délai d'un mois.

7. Le procès-verbal de la commission d'enquête sera clos immédiatement ; le président de la commission le transmettra sans délai, avec les registres et les autres pièces, au préfet, qui l'adressera avec son avis à l'administration supérieure, dans les quinze jours qui suivront la clôture du procès-verbal.

8. Les chambres de commerce et, au besoin, les chambres consultatives des arts et manufactures des villes intéressées à l'exécution des travaux, seront appelées à délibérer et à exprimer leur opinion sur l'utilité et la convenance de l'opération.

Les procès-verbaux de leurs délibérations devront être remis au préfet avant l'expiration du délai fixé dans l'art. 6.

TITRE II.—*Formalités des enquêtes relatives aux travaux publics qui peuvent être autorisés par une ordonnance royale.*

9. Les formalités prescrites par les articles 2, 3, 4, 5, 6, 7 et 8, seront également appliquées, sauf les modifications ci-après, aux travaux qui, aux termes du second paragraphe de l'article 3 de la loi du 7 juillet 1833, peuvent être autorisés par une ordonnance royale.

10. Si la ligne des travaux n'excède pas les limites de l'arrondissement dans lequel ils sont situés, le délai de l'ouverture des registres

et du dépôt des pièces sera fixé au plus à un mois et demi et au moins
à vingt jours.

La commission d'enquête se réunira au chef-lieu de l'arrondissement
et le nombre de ses membres variera de cinq à sept.

TITRE III.—*Disposition transitoire.*

11. Les dispositions ci-dessus prescrites ne sont pas applicables aux
entreprises de travaux publics pour lesquels une instruction et des enquêtes spéciales auraient été commencées avant la publication de la
présente ordonnance, et conformément aux ordonnances et règlements
antérieurs.

---

15 FÉVRIER 1835.

*Ordonnance royale qui modifie celle du 18 février 1834, relative aux
entreprises d'utilité publique.*

LOUIS-PHILIPPE, etc. ; vu les articles 1, 2 et 3 de notre ordonnance
du 18 février 1834, relative aux enquêtes qui doivent précéder les entreprises d'utilité publique; sur le rapport de notre ministre secrétaire
d'État au département de l'intérieur, notre conseil d'État entendu, etc.

ART. 1er.—Lorsque la ligne des travaux relatifs à une entreprise
d'utilité publique, devra s'étendre sur le territoire de plus de deux départements, les pièces de l'avant-projet qui serviront de base à l'enquête ne seront déposées qu'au chef-lieu de chacun des départements
traversés.

Des registres continueront d'être ouverts, conformément au premier
paragraphe de l'article 5 de notre ordonnance du 18 février 1834, tant
aux chefs-lieux de département qu'aux chefs-lieux d'arrondissement,
pour recevoir les observations auxquelles pourra donner lieu l'entreprise projetée.

---

22 MARS 1835

*Ordonnance du Roi, relative aux terrains acquis pour des travaux
d'utilité publique, et qui n'auraient pas reçu ou ne recevraient
pas cette destination.*

LOUIS-PHILIPPE, etc. ; vu les art. 60, 61 et 66 de la loi du 7 juillet
1833, sur l'expropriation pour cause d'utilité publique;

Voulant régler le mode d'exercice du privilége accordé par ces articles aux anciens propriétaires de terrains acquis pour des travaux
d'utilité publique, que l'administration serait dans le cas de revendre;

Vu les avis de nos ministres secrétaires d'État de l'intérieur et de
la guerre;

Sur le rapport de notre ministre secrétaire d'État des finances, etc.

ART. 1er. —Les terrains ou portions de terrains acquis pour des
travaux d'utilité publique et qui n'auraient pas reçu ou ne recevraient
pas cette destination, seront remis à l'administration des domaines,
pour être rétrocédés, s'il y a lieu, aux anciens propriétaires ou à leurs
ayants-droit, conformément aux articles 60 et 61 de la loi du 7 juillet 1833.

Le contrat de rétrocession sera passé devant le préfet du département ou devant le sous-préfet, sur délégation du préfet, en présence et avec le concours d'un préposé de l'administration des domaines et d'un agent du ministère pour le compte duquel l'acquisition des terrains avait été faite.

Le prix de la rétrocession sera versé dans les caisses du domaine.

2. Si les anciens propriétaires ou leur ayants-droit encourent la déchéance du privilége qui leur est accordé par les articles 60 et 61 de loi du 7 juillet, les terrains ou portions de terrains seront aliénés dans la forme tracée pour l'aliénation des biens de l'Etat, à la diligence de l'administration des domaines.

---

23 AOUT 1835.

Ordonnance du Roi portant que les enquêtes, qui doivent précéder les entreprises de travaux publics, seront soumises aux formalités y déterminées pour les travaux d'intérêt purement communal.

Louis-Philippe, etc., sur le rapport de notre ministre secrétaire d'Etat au département de l'intérieur :

Vu l'article 3 de la loi du 7 juillet 1833, sur l'expropriation pour cause d'utilité publique ;

Vu l'ordonnance royale du 18 février 1834, portant réglement sur les formalités des enquêtes qui doivent précéder la loi ou l'ordonnance déclarative de l'utilité publique ;

Considérant que cette ordonnance, s'appliquant aux travaux projetés dans un intérêt général, prescrit des formalités dont quelques-unes seraient sans objet ou incomplètes en ce qui concerne les travaux d'intérêt purement communal ou même départemental ;

Notre conseil d'Etat entendu, etc.

Art. 1er.—Les enquêtes qui, aux termes du paragraphe 3 de l'article 3 de la loi du 7 juillet 1833, doivent précéder les entreprises de travaux publics dont l'exécution doit avoir lieu en vertu d'une ordonnance royale, seront soumises aux formalités ci-après déterminées pour les travaux proposés par un conseil municipal, dans l'intérêt exclusif de sa commune.

2. L'enquête s'ouvrira sur un projet où l'on fera connaitre le but de l'entreprise, le tracé des travaux, les dispositions principales des ouvrages et l'appréciation sommaire des dépenses.

3. Ce projet sera déposé à la mairie pendant quinze jours, pour que chaque habitant puisse en prendre connaissance ; à l'expiration de ce délai, un commissaire désigné par le préfet, recevra, à la mairie, pendant trois jours consécutifs, les déclarations des habitants sur l'utilité publique des travaux projetés. Les délais ci-dessus prescrits pour le dépôt des pièces à la mairie et pour la durée de l'enquête, pourront être prolongés par le préfet.

Dans tous les cas, ces délais ne courront qu'à dater de l'avertissement donné par voie de publication et d'affiches.

Il sera justifié de l'accomplissement de cette formalité par un certificat du maire.

4. Après avoir clos et signé le registre de ces déclarations, le commissaire le transmettra immédiatement au maire, avec son avis motivé et les autres pièces de l'instruction qui auront servi de base à l'enquête.

Si le registre d'enquête contient des déclarations contraires à l'adoption du projet, ousi l'avis du commissaire lui est opposé, le conseil municipal sera appelé à les examiner et émettra son avis par une délibération motivée, dont le procès-verbal sera joint aux pièces. Dans tous les cas, le maire adressera immédiatement les pièces au sous-préfet et celui-ci au préfet, avec son avis motivé.

5. Le préfet, après avoir pris, dans les cas prévus par les réglements, l'avis des chambres de commerce et des chambres consultatives des arts et manufactures dans les lieux où il en est établi, enverra le tout à notre ministre de l'intérieur avec son avis motivé, pour, sur son rapport, être statué par nous sur la question d'utilité publique des travaux conformément aux dispositions de la loi du 7 juillet 1833.

6. Lorsque les travaux n'intéresseront pas exclusivement la commune, l'enquête aura lieu, suivant leur degré d'importance, conformément aux articles 9 et 10 de l'ordonnance du 18 février 1834.

7. Notre ministre des finances sera préalablement consulté toutes les fois que les travaux entraîneront l'application de l'avis du conseil d'Etat, approuvé le 21 février 1808; sur la cession aux communes de tout ou partie d'un bien de l'Etat.

---

21 MAI 1836.

Loi sur les Chemins vicinaux (1).

SECTION I. — *Chemins vicinaux*

ART. 1er. — Les chemins vicinaux légalement reconnus sont à la charge des communes, sauf les dispositions de l'art. 7 ci-après.

2. En cas d'insuffisance des ressources ordinaires des communes, il sera pourvu à l'entretien des chemins vicinaux à l'aide, soit de prestations en nature, dont le maximum est fixé à trois journées de travail, soit de centimes spéciaux en addition au principal des quatre contributions directes, et dont le maximum est fixé à cinq. — Le conseil municipal pourra voter l'une ou l'autre de ces ressources, ou toutes les deux concurremment — Le concours des plus imposés ne sera pas nécessaire dans les délibérations prises pour l'exécution du présent article.

3. Tout habitant, chef de famille ou d'établissement, à titre de propriétaire, de régisseur, de fermier, ou de colon partiaire, porté au rôle

---

(1) Présentation à la Chambre des Députés, le 24 mars 1835 (Mon. du 25); rapport par M. Vatout, le 22 avril 1835 (Mon. du 23); discussion les 19 et 20 janvier 1836 (Mon. des 20 et 21 janvier).

Autre rapport, après renvoi à l'examen de la commission, de divers amendements, le 19 février (Mon. du 20).

Suite de la discussion, les 22, 24, 25, 26, 29 février, 1er, 2, 3, 4, 7, 8 mars (Mon. des 23, 25, 26, 27 février, 1er, 2, 3, 4, 5, 8, 9 mars); adoption le 8 mars (Mon. du 9), à la majorité de 171 voix contre 61.

Présentation à la Chambre des Pairs, le 11 mars (Mon. du 12); rapport le 25 avril (Mon. du 26); discussion les 28, 29, 30 avril (Mon. des 29, 30 avril, 1er mai); adoption le 2 mai (Mon. du 3), à la majorité de 76 contre 13.

Retour à la Chambre des Députés. Adoption des amendements de la Chambre des Pairs, le 17 mai (Mon. du 18), à la majorité de 220 contre 22.

des contributions directes, pourra être appelé à fournir, chaque année, une prestation de trois jours :—1° pour sa personne et pour chaque individu mâle, valide, âgé de dix-huit ans au moins et de soixante
ans au plus, membre ou serviteur de la famille et résidant dans la
commune;—2° pour chacune des charrettes ou voitures attelées, et, en
outre, pour chacune des bêtes de somme, de trait, de selle, au service
de la famille ou de l'établissement dans la commune.

4. La prestation appréciée en argent, conformément à la valeur qui
aura été attribuée annuellement, pour la commune, à chaque espèce
de journée, par le conseil général, sur les propositions des conseils
d'arrondissement —La prestation pourra être acquittée en nature ou en
argent, au gré du contribuable. Toutes les fois que le contribuable
n'aura pas opté dans les délais prescrits, la prestation sera de droit
exigible en argent.—La prestation non rachetée en argent pourra être
convertie en tâches, d'après les bases et évaluations de travaux préalablement fixées par le conseil municipal.

5. Si le conseil municipal, mis en demeure, n'a pas voté, dans la
session désignée à cet effet, les prestations et centimes nécessaires, ou
si la commune n'en a pas fait emploi dans les délais prescrits, le préfet pourra, d'office, soit imposer la commune dans les limites du maximum, soit faire exécuter les travaux.—Chaque année, le préfet com-
muniquera au conseil général l'état des impositions établies d'office, en
vertu du présent article.

6. Lorsqu'un chemin vicinal intéressera plusieurs communes, le préfet, sur l'avis des conseils municipaux, désignera les communes qui devront concourir à sa construction ou à son entretien, et fixera la proportion dans laquelle chacune d'elles y contribuera.

SECTION II.—*Chemins vicinaux de grande communication.*

7. Les chemins vicinaux peuvent, selon leur importance, être déclarés chemins vicinaux de grande communication par le conseil général,
sur l'avis des conseils municipaux, des conseils d'arrondissement, et
sur la proposition du préfet.—Sur les mêmes avis et proposition, le
conseil général détermine la direction de chaque chemin vicinal de
grande communication, et désigne les communes qui doivent contribuer
à sa construction ou à son entretien.—Le préfet fixe la largeur et les
limites du chemin et détermine annuellement la proportion dans laquelle chaque commune doit concourir à l'entretien de la ligne vicinale
dont elle dépend : il statue sur les offres faites par les particuliers, as-
sociations de particuliers ou de communes.

8. Les chemins vicinaux de grande communication, et, dans les cas
extraordinaires, les autres chemins vicinaux, pourront recevoir des subventions sur les fonds départementaux.—Il sera pourvu à ces subventions au moyen des centimes facultatifs ordinaires du département, et
de centimes spéciaux votés annuellement par le conseil général.—La
distribution des subventions sera faite, en ayant égard aux ressources,
aux sacrifices et aux besoins des communes, par le préfet, qui en rendra compte, chaque année, au conseil général.—Les communes acquit-
teront la portion des dépenses mises à leur charge, au moyen de leurs
revenus ordinaires, et, en cas d'insuffisance, au moyen de deux journées de prestations sur les journées autorisées par l'article 2, et des
deux tiers des centimes votés par le conseil municipal, en vertu du
même article.

9. Les chemins vicinaux de grande communication sont placés sous
l'autorité du préfet. Les dispositions des articles 4 et 5 de la présente
loi leur sont applicables.

Dispositions générales.

10. Les chemins vicinaux reconnus et maintenus comme tels sont imprescriptibles. (Code Napoléon, art. 2226).

11. Le préfet pourra nommer des agents-voyers.—Leur traitement sera fixé par le conseil général.—Ce traitement sera prélevé sur les fonds affectés aux travaux ;—les agents-voyers prêteront serment : ils auront le droit de constater les contraventions et délits, et d'en dresser des procès-verbaux.

12. Le maximum des centimes spéciaux qui pourront être votés par les conseils généraux, en vertu de la présente loi, sera déterminé annuellement par la loi de finances.

13. Les propriétés de l'Etat, productives de revenus, contribueront aux dépenses des chemins vicinaux, dans les mêmes proportions que les propriétés privées, et d'après un rôle spécial dressé par le préfet. —Les propriétés de la couronne contribueront aux mêmes dépenses, conformément à l'art. 13 de la loi du 2 mars 1832. (V. C. contrib. § 1).

14. Toutes les fois qu'un chemin vicinal, entretenu à l'état de viabilité par une commune, sera habituellement ou temporairement dégradé par des exploitations de mines, de carrières, de forêts ou de toute entreprise industrielle appartenant à des particuliers, à des établissements publics, à la couronne ou à l'Etat, il pourra y avoir lieu à imposer aux entrepreneurs ou propriétaires, suivant que l'exploitation ou les transports auront eu lieu pour les uns ou les autres, des subventions spéciales, dont la quotité sera proportionnée à la dégradation extraordinaire qui devra être attribuée aux exploitations.—Ces subventions pourront, au choix des subventionnaires, être acquittées, en argent ou en prestations en nature, et seront exclusivement affectées à ceux des chemins qui y auront donné lieu.—Elles seront réglées annuellement, sur la demande des communes, par les conseils de préfecture, après des expertises contradictoires, et recouvrées comme en matière de contributions directes.—Les experts seront nommés suivant le mode déterminé par l'article 17 ci-après.—Ces subventions pourront aussi être déterminées par abonnement : elles seront réglées, dans ce cas, par le préfet et en conseil de préfecture.

15 Les arrêtés du préfet portant reconnaissance et fixation de la largeur d'un chemin vicinal attribuent définitivement au chemin le sol compris dans les limites qu'ils déterminent.—Le droit des propriétaires riverains se résout en une indemnité, qui sera réglée à l'amiable ou par le juge de paix du canton, sur le rapport d'experts nommés conformément à l'art. 17.

16. Les travaux d'ouverture et de redressement des chemins vicinaux seront autorisés par arrêté du préfet.—Lorsque pour l'exécution du présent article, il y aura lieu de recourir à l'expropriation, le jury spécial, chargé de régler les indemnités, ne sera composé que de quatre jurés. Le tribunal d'arrondissement, en prononçant l'expropriation, désignera, pour présider et désigner le jury, l'un de ses membres ou le juge de paix du canton. Ce magistrat aura voix délibérative en cas de partage.—Le tribunal choisira, sur la liste générale, prescrite par l'art. 29 de la loi du 7 juillet 1833 (3 mai 1841), quatre personnes pour former le jury spécial, et trois supplémentaires. L'administration et la partie intéressée auront respectivement le droit d'exercer une récusation péremptoire. Le juge recevra les acquiescements des parties.—Son procès-verbal emportera translation définitive de propriété. —Le recours en cassation, soit contre le jugement qui prononcera l'expropriation, soit contre la déclaration du jury qui réglera l'indemnité,

n'aura lieu. que dans les cas prévus et selon les formes déterminées par la loi du 7 juillet 1833 (3 mai 1841).

17. Les extractions de matériaux, les dépôts ou enlèvements de terres, les occupations temporaires de terrains, seront autorisés par arrêté du préfet, lequel désignera les lieux ; cet arrêté sera notifié aux parties intéressées au moins dix jours avant que son exécution puisse être commencée.—Si l'indemnité ne peut être fixée à l'amiable, elle sera réglée par le conseil de préfecture, sur le rapport d'experts nommés, l'un par le sous-préfet, et l'autre par le propriétaire.—En cas de discord, le tiers expert sera nommé par le conseil de préfecture.

18. L'action en indemnité des propriétaires pour les terrains qui auront servi à la confection des chemins vicinaux, et pour extraction des matériaux, sera prescrite par le laps de deux ans.

19. En cas de changement de direction ou d'abandon d'un chemin vicinal, en tout ou en partie, les propriétaires riverains de la partie de ce chemin, qui cessera de servir de voie de communication, pourront faire leur soumission de s'en rendre acquéreurs et d'en payer la valeur, qui sera fixée par des experts nommés dans la forme déterminée par l'art. 17.

20. Les plans, procès-verbaux, certificats, significations, jugements, contrats, marchés, adjudications de travaux, quittances et autres actes ayant pour objet exclusif la construction, l'entretien et la réparation des chemins vicinaux, seront enregistrés moyennant le droit fixe de 1 fr. —Les actions civiles intentées par les communes ou dirigées contre elles, relativement à leurs chemins, seront jugées comme affaires sommaires et urgentes, conformément a l'art. 405 du Code de procéd. civile.

21. Dans l'année qui suivra la promulgation de la présente loi, chaque préfet fera, pour en assurer l'exécution, un réglement qui sera communiqué au conseil général, et transmis, avec ses observations, au ministre de l'intérieur, pour être approuvé, s'il y a lieu —Ce réglement fixera, dans chaque département, le maximum de la largeur des chemins vicinaux ; il fixera, en outre, les délais nécessaires à l'exécution de chaque mesure, les époques auxquelles les prestations en nature devront être faites, le mode de leur emploi ou de leur conversion en tâches, et statuera, en même temps, sur tout ce qui est relatif à la confection des rôles, à la comptabilité, aux adjudications et à leur forme, aux alignements, aux autorisations de construire le long des chemins, à l'écoulement des eaux, aux plantations, à l'élagage, aux fossés, à leur curage, et à tous autres détails de surveillance et de conservation.

22. Toutes les dispositions de lois antérieures demeurent abrogées en ce qu'elles auraient de contraire à la présente loi.

---

26 MAI 1852.

Décret sur la grande voirie de Paris.

ART. 1er.—Les rues de Paris continueront d'être soumises au régime de la grande voirie.

ART. 2.—Dans tout projet d'expropriation pour l'élargissement, le redressement ou la formation des rues de Paris, l'administration aura la faculté de comprendre la totalité des immeubles atteints, lorsqu'elle jugera que les parties restantes ne sont pas d'une étendue ou d'une forme qui permette d'y élever des constructions salubres.

Elle pourra pareillement comprendre dans l'expropriation des immeubles en dehors des alignements, lorsque leur acquisition sera nécessaire pour la suppression d'anciennes voies publiques jugées inutiles.

Les parcelles de terrain acquises en dehors des alignements, et non susceptibles de recevoir des constructions salubres, seront réunies aux propriétés contiguës, soit à l'amiable, soit par l'expropriation de ces propriétés, conformément à l'art. 53 de loi du 16 septembre 1807.

La fixation du prix de ces terrains sera faite suivant les mêmes formes et devant la même juridiction que celles des expropriations ordinaires.

L'art. 58 de la loi du 3 mai 1841 est applicable à tous les actes et contrats relatifs aux terrains acquis pour la voie publique par simple mesure de voirie.

Art. 3.—A l'avenir, l'étude de tout plan d'alignement de rue devra nécessairement comprendre le nivellement : celui-ci sera soumis à toutes les formalités qui régissent l'alignement.

Tout constructeur de maison, avant de se mettre à l'œuvre, devra demander l'alignement et le nivellement de la voie publique au devant de son terrain et s'y conformer.

Art. 4.—Il devra pareillement adresser à l'administration un plan et des coupes côtés des constructions qu'il projette et se soumettre aux prescriptions qui lui seront faites, dans l'intérêt de la sûreté publique et de la salubrité.

Vingt jours après le dépôt de ces plans et coupes au secrétariat de la préfecture de la Seine, le constructeur pourra commencer ses travaux d'après son plan, s'il ne lui a été notifié aucune injonction.

Une coupe géologique des fouilles pour fondation de bâtiments sera dressée par tout architecte constructeur et remise à la préfecture de la Seine.

Art. 5.—La façade des maisons sera constamment tenue en bon état de propreté. Elles seront grattées, repeintes ou badigeonnées, au moins une fois tous les dix ans, sur l'injonction qui sera faite au propriétaire par l'autorité municipale.

Les contrevenants seront passibles d'une amende qui ne pourra excéder 100 fr.

Art. 6.—Toute construction nouvelle dans une rue pourvue d'égoût devra être disposée de manière à y conduire ses eaux pluviales et ménagères.

La même disposition sera prise pour toute maison ancienne en cas de grosse réparation et, en tout cas, avant dix ans.

Art. 7.—Il sera statué par un décret ultérieur rendu dans la forme des réglements d'administration publique, en ce qui concerne la hauteur des maisons, les combles et les lucarnes.

Art. 8.—Les propriétaires riverains des voies publiques empierrées supporteront les frais de premier établissement des travaux d'après les règles qui existent à l'égard des propriétaires riverains des rues pavées.

Art 9.—Les dispositions du présent décret pourront être appliquées à toutes les villes qui en feront la demande par des décrets spéciaux rendus dans la forme des réglements d'administration publique.

TABLE DES MATIÈRES

CAEN.—IMPRIMERIE DE E. POISSON.

CAEN—IMP. E. POISSON.